1か月で復習する
ドイツ語
基本のフレーズ

笹原 健

音声無料
ダウンロード

語研

JN041015

はじめに

　この本を手に取った方は，ドイツを旅行するときにドイツ語を話してみたいと思ったり，かつて学んだドイツ語をもういちどやってみたいと思っている方だと思います。本書はどちらのニーズにも応えられるように書き下ろしました。1日5つのトピックを学び，週5日，1か月間で合計100のトピックを扱うことで，日常で使えるドイツ語をひととおり身につけます。各トピックには3つのフレーズが含まれているので，合計300のフレーズが収録されています。

　それぞれのトピックはCEFR（ヨーロッパ言語共通参照枠）のA1からA2レベルを意識して構成しました。これは「学習を始めたばかりの者・初学者」（A1レベル）から「学習を継続中の者・初級者」（A2レベル）に相当します。内容としては初級文法をおおよそ網羅したものになっていて，各フレーズの解説は文法的な解説や知っておきたい知識を重点的に記しました。

　途中にはコラムとしてドイツ語の文法用語について触れています。ドイツでの語学コースに参加する人の助けになることを想定していますが，単に読み物としても楽しんでいただけるよう記しました。

　本書では発音の目安としてのカナを振っています。方針としては，できるだけネイティブスピーカーの発音に忠実に再現することを心がけました（したがって，ほかの本とは異なるカナが振られていることもあります）。しかしこれはあくまでも目安です。カナに頼らず，付属の音声を十分に活用してください。

　本書の執筆に際しては，柳田ネンシさんに協力いただきました。また，語研編集部の宮崎喜子さんには多方面にわたって支援いただきました。ここに記して感謝申しあげます。

　本書が読者のみなさまにとって，少しでもお役に立てば幸いです。

2023年5月　　笹原 健

目 次

【ナレーション】Jan Hillesheim ／ Nadine Kaczmarek
【ネイティブチェック】柳田ネンシ　【装丁】クリエイティブ・コンセプト

音声の無料ダウンロードについて

◁》 このマークがついているドイツ語と各フレーズ解説中の太字のドイツ語
　 に音声が収録されています。

※音声は自然な発声を身につけるため, ふつうのスピードで収録してあります。

❶ 各日１ページ目上部の ◀》 このマークについている番号に対応するト
　 ラックに, １日分の音声がすべて収録されています。
　 下記 URL にアクセスしていただき, 本書紹介ページの【無料音声ダウ
　 ンロード】をクリックすると, 音声をダウンロードできます。

　 https://www.goken-net.co.jp/catalog/card.html?isbn=978-4-87615-393-0

　 または, 下記 QR コードを読み取ると本書紹介ページにアクセスします。

❷ 各見開きの右上に記載された QR コードを読み取ると, その見開き分
　 の音声をまとめて聴くことができます。

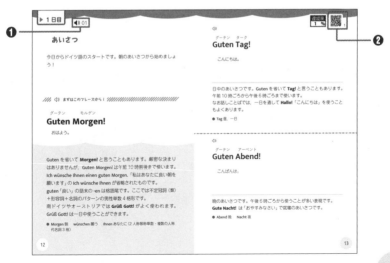

学習計画表

● 約1か月弱で終えるためのスケジュールモデル

	月	火	水	木	金	土	日
日付 ⇨	/	/	/	/	/		
	p.12～21 1日目	p.22～31 2日目	p.32～41 3日目	p.42～51 4日目	p.52～61 5日目	お休み	
チェック ⇨	済	済	済	済	済		
	月	火	水	木	金	土	日
	/	/	/	/	/		
	p.62～71 6日目	p.72～81 7日目	p.82～91 8日目	p.92～101 9日目	p.102～111 10日目	お休み	
	済	済	済	済	済		
	月	火	水	木	金	土	日
	/	/	/	/	/		
	p.114～123 11日目	p.124～133 12日目	p.134～143 13日目	p.144～153 14日目	p.154～163 15日目	お休み	
	済	済	済	済	済		
	月	火	水	木	金	土	日
	/	/	/	/	/		
	p.164～173 16日目	p.174～183 17日目	p.184～193 18日目	p.194～203 19日目	p.204～213 20日目	お休み	
	済	済	済	済	済		

＊開始日を記入し，終わったら済マークをなぞってチェックしてください。

● **計画表フリースペース**（自分なりのスケジュールを立てたい方用）

/	/	/	/	/	/	/
済	済	済	済	済	済	済
/	/	/	/	/	/	/
済	済	済	済	済	済	済
/	/	/	/	/	/	/
済	済	済	済	済	済	済
/	/	/	/	/	/	/
済	済	済	済	済	済	済

＊上から曜日，日付，何日目，済マークのチェック欄になります。
　自由にカスタマイズしてお使いください。

◀)) 01

あいさつ

今日からドイツ語のスタートです。朝のあいさつから始めましょう！

/// ◁)) まずはこのフレーズから！ ////////////////////////////////

<ruby>グーテン</ruby> <ruby>モルゲン</ruby>

Guten Morgen!

おはよう。

Guten を省いて **Morgen!** と言うこともあります。厳密な決まりはありませんが，Guten Morgen! は午前 10 時前後まで使います。Ich wünsche Ihnen einen guten Morgen.「私はあなたに良い朝を願います」の Ich wünsche Ihnen が省略されたものです。

guten「良い」の語末の -en は格語尾です。ここでは不定冠詞（類）＋形容詞＋名詞のパターンの男性単数 4 格形です。

南ドイツやオーストリアでは **Grüß Gott!** がよく使われます。Grüß Gott! は一日中使うことができます。

● Morgen 朝　wünschen 願う　Ihnen あなたに（2 人称敬称単数・複数の人称代名詞 3 格）

◁))

<ruby>グーテン<rt></rt></ruby> <ruby>ターク<rt></rt></ruby>
Guten Tag!

こんにちは。

. . . .

日中のあいさつです。**Guten** を省いて **Tag!** と言うこともあります。
午前10時ごろから午後6時ごろまで使います。
なお話しことばでは，一日を通して **Hallo!**「こんにちは」を使うこと
もよくあります。

● Tag 昼，一日

━━━━━━━━━━━━━━━━━━━━━━━━━━━━━━━━━━━━━━━

◁))

<ruby>グーテン<rt></rt></ruby> <ruby>アーベント<rt></rt></ruby>
Guten Abend!

こんばんは。

. . . .

晩のあいさつです。午後6時ごろから使うことが多い表現です。
Gute Nacht! は「おやすみなさい」で就寝のあいさつです。

● Abend 晩　　Nacht 夜

初対面で

出会いの場で使うフレーズです。
ドイツでは知り合うときによく握手をします。このときぎゅっと力を入れて強めにすることを心がけましょう（日本人の握手は弱いとよく言われます）。

//// ◁)) まずはこのフレーズから！ ////////////////////////////////////

フラウ　　アオキ　　　ダス イスト　　ヘア　　　　ショルツェ

Frau Aoki, das ist Herr Scholze.

アオキさん，こちらがショルツェさんです。

Das ist ～ は人を紹介するときに便利な表現です。この das は指示代名詞（⇨34 ページ）で，ふつう指し示す名詞の性・数に合わせますが，das だけは性・数にかかわらず使うことができます。
Frau Aoki は呼びかけです。呼びかけは 1 格で表し，文の語順に影響を与えません。
なお，男性に対して言う場合は Herr Aoki と Herr をつけます。

フロイト　ミッヒ
Freut mich!

お近づきになれてうれしいです。

....

動詞 freuen は「〜⁴を喜ばせる」という他動詞です。ここでは主語 das が省略されています。
Freut mich sehr! とすると丁寧さが増します。

● sehr とても

アンゲネーム
Angenehm!

はじめまして！

....

形容詞 angenehm は「快い，喜ばしい」という意味で，この表現を直訳すると「（お会いできて）うれしいです」となります。
Sehr angenehm! と sehr をつけるとうれしさが強調されます。

ごきげんいかが

「元気ですか」という表現はあいさつことばのように使われます。
聞き方と答え方を身につけましょう。

//// ◁)) **まずはこのフレーズから！** ////////////////////////////////////

ヴィー　　ゲート　　エス　　イーネン

Wie geht es Ihnen?

お元気ですか。

直訳すると「あなたにとって調子はどうですか」です。Ihnen と 3
格を使うのがポイントです。
親称 du を使う間柄では **Wie geht es dir?** となります。
話しことばでは，geht と es が融合して geht's となり，dir が省
略され，**Wie geht's?**「元気？」となることもあります。決まりきっ
た言い方として覚えましょう。

● wie どのように　　gehen 行く　　es それ（3 人称単数の人称代名詞 1 格）
　es geht ～³ ...（形容詞）：（es を非人称で用いて）～の調子は…である
　dir 君にとって（2 人称親称単数の人称代名詞 3 格）

エス　ゲート　ミア　グート
Es geht mir gut.

元気です。

....

「元気ですか」と聞かれた場合の答え方です。**Es geht mir ~**（形容詞）の形で覚えましょう。
Danke. Und Ihnen/dir?「ありがとうございます。あなたは／君は（いかがですか）？」と聞き返すのも有効です。

● **mir** 私にとって（1人称単数の人称代名詞3格）　　**und** そして

◦-◦

🔊

エス　ゲート
Es geht.

まあまあです。

....

答え方のバリエーションです。
特に調子が良くも悪くもないときにはこのように答えます。
そのほかには **Es geht mir sehr gut.**「とても良いです」，**Es geht mir nicht gut.**「良くありません」などがあります。

● **nicht** ない（英語の not に相当）

別れのあいさつ（1）

別れ際のあいさつは，出会ったときのフレーズよりもバラエティに富んでいます。2回に分けて学びましょう。

//// 🔊 **まずはこのフレーズから！** //////////////////////////////////

アウフ　　　ヴィーダーゼーエン

Auf Wiedersehen!

さようなら。

別れのあいさつでもっとも使われる表現です。

同じ場面で **Auf Wiederschauen!** を使う人もいます。

電話口など，対面していない場合は **Auf Wiederhören!** を使います。sehen「見る」，hören「聞く」に対応しています（⇨203ページ）。

● Wiedersehen 再会　　schauen 見る

チュース
Tschüs!

バイバイ。

話しことばでよく使われる表現です。
ふつう，親称 du/ihr で話す親しい間柄で使われますが，お店など初対面のときでも使えます。

ビス　　　モルゲン
Bis morgen!

また明日。

Bis ＋ 時を表す名詞や副詞を使う表現です。

例： **Bis Montag!**「また月曜日に」

Bis gleich!（1時間程度先まで），**Bis nachher!**（決まった用事のあとまで），**Bis später!**（その日のうちに），**Bis bald!**（およそ明後日以降まで）はどれも「またあとで」という表現です。

● bis ～まで　　morgen 明日　　gleich すぐに　　nachher あとで　　später のちに　bald じきに

別れのあいさつ (2)

別れのあいさつにはさまざまなバリエーションがあります。
状況に応じて使いわけることができるようになりましょう。

//// ◁)) まずはこのフレーズから！ ///////////////////////////////

シェーネン　　タ－ク　　ノッホ

Schönen Tag noch!

良い一日を。

日中の別れのあいさつとして使われます。

Ich wünsche Ihnen noch einen schönen Tag.「私はあなたにまだ良い一日を願います」が省略された表現です。noch「まだ」を使うことで「残りの時間が良い日でありますように」という意味になります。

晩であれば **Schönen Abend noch!**「良い晩を」を使います。

相手に言われたときには **Danke, gleichfalls!**「ありがとう，あなたにも同様に」と返すこともできます。

● schönen＜schön 美しい（男性単数４格形）※以下では形容詞の格語尾については重要なもののみに付します。　noch まだ　gleichfalls 同じく

シェーネス　　　ヴォッヘンエンデ
Schönes Wochenende!

楽しい週末を。

....

次に会うのが週明けのときの別れのことばとして，あるいは相手が週末の予定を話したときの応答として使えます。

● Wochenende 週末

シ))

グーテ　　ライゼ
Gute Reise!

良い旅を。

....

これから旅立つ人にかけることばです。
自動車で行く人なら **Gute Fahrt!**，飛行機で行く人なら **Guten Flug!** を使うこともあります。

● Reise 旅行　　Fahrt（自動車などの）走行　　Flug 飛ぶこと，フライト

🔊 02

ひとことで伝える（1） bitte

2 日目のスタートです。各日の最初は「ひとことで伝える」フレーズを学びましょう。短い表現でも十分に思いを伝えることができます。とっさのひとこととしても使える表現を扱っていきます。

/// 🔊 まずはこのフレーズから！ ////////////////////////

アイネン　　カフェー　　　ビッテ
Einen Kaffee, bitte!

コーヒーを 1 杯ください。

最初のひとことフレーズは bitte です。

これは英語の please に対応した語です。この語は please 以上に万能で，「お願いします」，「どうぞ」，「どういたしまして」など，さまざまな場面で使う機会があります。4 格名詞 + bitte で「〜をください」となります（名詞の性・数・格については ⇨ 30 ページ）。

ドイツのカフェにて。
左は Windbeutel「シュークリーム」。

🔊

<ruby>デア<rt></rt></ruby> <ruby>ネヒステ<rt></rt></ruby> <ruby>ビッテ<rt></rt></ruby>

Der Nächste, bitte!

次の方，どうぞ。

お店のレジや駅，ホテルなどの窓口でよく聞く表現です。
自分から言う機会は少ないかもしれませんが，覚えておくと便利な表現です。

● der Nächste 次の（男の）人 ＜ nahe の最上級の名詞化（男性単数1格形）

🔊

ヴィー ビッテ

Wie bitte?

もういちど言ってください。

昇り調子のイントネーションで使います。
wie をつけるのが正式な表現ですが，wie を省略して **Bitte?** のみでもよく使われます。

親称の du / ihr と敬称の Sie

ドイツ語の 2 人称代名詞には，親称の du「君」，ihr「君たち」と
敬称の Sie「あなた，あなたたち」の区別があります。誰に対して
話すかによって親称と敬称を使い分けます。

//// ◁》 まずはこのフレーズから！ //////////////////////////////////

ペーター　ドゥー　ハスト　　フンガー　　オーダー
Peter, du hast Hunger, oder?

お腹がすいているの，ペーター？

親称 du は家族や友人間，ペット，同年代の人など，親しい間柄
で使われます。また，年が離れていても大学生同士，職場の同僚
同士であれば親称の du を用いる傾向にあります。

呼びかけを添える場合はファーストネームを使うのがふつうで
す。

oder「または」は接続詞ですが，文末に置いて「〜ですよね」とい
う確認や念押しの表現（付加疑問といいます）としてよく使われま
す。

● Hunger 空腹

Sind Sie müde, Frau Müller?
ズィント　ズィー　ミューデ　　フラウ　　ミュラー

あなたはお疲れですか，ミュラーさん。

敬称 Sie は初対面の人や，年齢，身分などにおいて目上の人や社会的な距離のある人に対し用います。Sie はつねに大文字で始めます。動詞の形は 3 人称複数形と同じ形を使います。
呼びかけを添える場合はファミリーネームを使うのがふつうです。

● müde 疲れた

Frau Schmidt und Herr Schmidt,
フラウ　　シュミット　　ウント　　ヘア　　シュミット

Sie helfen mir sehr.
ズィー　ヘルフェン　ミア　ゼーア

シュミット夫妻，あなたたちは私をとても助けてくださっています。

親称は単数 du，複数 ihr と数を区別しますが，敬称には数の区別がありません。1 人でも 2 人以上でも Sie です。

● helfen 手伝う，助ける

お礼を言う

何かをしてもらった場合は必ずお礼のことばを言いましょう。ひとこと言うだけで，お互いに気分が良くなるものです。

/// ◁)) **まずはこのフレーズから！** /////////////////////////////

ダンケ　　　シェーン
Danke schön!

ありがとうございます。

このフレーズだけは口をついて出るようにしましょう。
具体的なことに感謝を述べるときは für 〜 ⁴ をつけます。

　　例：**Danke schön für Ihre Hilfe!**「あなたの助けに感謝します」

ここで掲げる 3 つのフレーズ以外にも，**(Sehr) nett von Ihnen/ dir.**「(とても) 親切なことに」や **Tausend Dank!**「1000 回の感謝 を (受け取ってください)」という表現も用いられます。

● danke ありがとう　　Ihr あなたの，あなたたちの (所有冠詞。⇨ 40 ページ)
　Hilfe 助け　　nett 親切な　　tausend 1000

🔊

<ruby>Vielen<rt>フィーレン</rt></ruby> <ruby>Dank<rt>ダンク</rt></ruby>!
Vielen Dank!

どうもありがとう。

もともとは Haben Sie vielen Dank. 「たくさんの感謝を受け取ってください」という表現ですが，こんにちではもっぱら目的語に当たる vielen Dank のみを用います。
Herzlichen Dank!「心からの感謝を」も同様です。

● viel たくさんの　　haben 持っている　　herzlich 心からの

🔊

<ruby>Ich<rt>イッヒ</rt></ruby> <ruby>danke<rt>ダンケ</rt></ruby> <ruby>Ihnen<rt>イーネン</rt></ruby>.
Ich danke Ihnen.

私はあなたに感謝します。

完全な文の表現です。動詞 danken 「感謝する」は 3 格目的語を取ることに注意しましょう。
話しことばでは，主語 ich を省いて **Danke Ihnen.** とすることもあります。

お礼を言われて

お礼を言われたら,「どういたしまして」と返しましょう。ドイツ語ではいくつも表現があります。気に入ったものを2, 3個ストックしておくと便利です。

/// 🔊 まずはこのフレーズから！////////////////////////////////

ビッテ　　シェーン

Bitte schön!

どういたしまして。

もっともベーシックな表現です。
Danke!「ありがとう」とひとことで言われたら **Bitte!** とひとことで返すこともあります。
ここに挙げたフレーズ以外には, **Keine Ursache!**「どういたしまして（理由なんてありません）」, **Mit Freude!**「喜んで」, **Ach, das war doch keine Mühe!**「ああ, それは苦労ではありませんでしたよ」などがあります。

● Ursache 理由　Freude 喜び　doch まったく, しかしながら　Mühe 苦労

◁))

ゲルン　　　ゲシェーエン
Gern geschehen!

どういたしまして。

直訳すると「喜んで成されたり」ですが，「どういたしまして」の意味
で使われます。
geschehen を省略して **Gern!/Gerne!** ということもあります。

● gern/gerne 好んで，～するのが好きだ　　geschehen 起きる，生じる

◁))

ニヒツ　　ツー　　ダンケン
Nichts zu danken!

どういたしまして。

直訳すると「感謝することはありません」です。
否定代名詞 nichts「何も～ない」を動詞 danken「感謝する」の zu 不
定詞が修飾している構造です（⇨170 ページ）。

名詞の性・数・格

ドイツ語の名詞には 3 つの性があります（男性・女性・中性）。文の中ではその名詞の性・数（単数・複数）・格（1 格・2 格・3 格・4 格）を示さなければなりません。ここでは 1 格と 4 格の形を確認しましょう。

//// 🔊 **まずはこのフレーズから！** ///////////////////////////////

イスト　ダス　　アイネ　　　テータッセ
Ist das eine Teetasse?

これはティーカップですか。

ja「はい」か nein「いいえ」で答える決定疑問文です。
決定疑問文は定動詞を文頭に置きます。
Teetasse「ティーカップ」は女性名詞で，ここでは 1 格です。女性 1 格の不定冠詞は eine です。男性 1 格と中性 1 格は ein です。答えとしては，**Ja, das ist eine Teetasse.**「はい，それはティーカップです」あるいは **Nein, das ist eine Kaffeetasse.**「いいえ，それはコーヒーカップです」などが考えられます。

● Kaffeetasse コーヒーカップ

デア　ラップトップ　イスト　アウス　ヤーパン
Der Laptop ist aus Japan.

そのノートパソコンは日本製です。

Laptop「ノートパソコン」は男性名詞で，ここでは 1 格主語として定冠詞 der つきで使われています。
女性 1 格の定冠詞は die で，中性 1 格は das です。

● aus ～から，～製の

イッヒ　カウフェ　アイン　　ヴェアターブーフ
Ich kaufe ein Wörterbuch.

私は辞書を買います。

---

4 格名詞の例です。
Wörterbuch「辞書」は中性名詞なので，不定冠詞は ein（定冠詞は das）です。
男性名詞は不定冠詞 einen／定冠詞 den で，女性名詞は不定冠詞 eine／定冠詞 die です。

● kaufen 買う

🔊 03

ひとことで伝える (2)　乾杯の表現

今回の「ひとことで伝える」フレーズは乾杯の表現です。グラスを合わせるときには相手の目を見ることが重要です。

/// 🔊 まずはこのフレーズから！ ///////////////////////////////

プロースト
Prost!

乾杯。

もともとは「健康を祝して」という意味のラテン語ですが，現在では「乾杯」の意味で使われます。
南ドイツでは **Prosit!** も使われます。

ニュルンベルクのニュルンベルガーソーセージとともに乾杯！

Zum Wohl!
ツム　ヴォール

健康を祈って。

Wohl は「幸せ，健康」です。
「健康を祈って」という表現で「乾杯」を表します。

● zum 〜のために（前置詞 zu と定冠詞 dem の融合形）

Auf die Freundschaft!
アウフ　ディー　フロイントシャフト

友情を祈念して。

具体的なことがらを祝したり祈念したりする場合は，多く auf を用いた前置詞句を用います。
auf のあとには 4 格の名詞や代名詞が来ます。

例： **Auf dich!** 「君に乾杯」

● Freundschaft 友情

指示代名詞

定冠詞は単独で，指示代名詞「これ」，「それ」として用いることができます。指示代名詞は人称代名詞のように，その性の名詞を指し示すことができます。

//// 🔊 まずはこのフレーズから！ ///////////////////////////////////

デーン　　ケネ　　イッヒ
Den kenne ich.

その男性のことを私は知っています。

指示代名詞はすでに言及された人やものについて使われます。アクセントを持ち，文頭に現れる傾向がみられます。
ここでは den が動詞 kennen の男性 4 格目的語なので，男の人を表します。女性形は女の人，中性形はもの，複数形は複数の人を表します。

● kennen 知っている

<ruby>Curry<rt>クリーブルスト</rt></ruby>

Currywurst? Die esse ich sehr gern.

クリーブルスト　　　ディー　エッセ　イッヒ　ゼーア　　ゲルン

カレーソーセージ？　それは大好きです。

第2文の die は直前の女性名詞 Currywurst「カレーソーセージ」を受けた指示代名詞です。

● essen 食べる

カレーソーセージはボイルした，または焼いた
ソーセージにカレー粉とトマトケチャップを
たっぷりかけたドイツで人気の食べ物です。

🔊

ダス　ヴァイス　イッヒ　ション

Das weiß ich schon.

それはもう知っています。

中性形の das は，指し示す名詞の性・数にかかわらず使うことができます。

● weiß＜wissen（知識として）知っている（1人称単数現在）　　schon すでに

自己紹介する (1)

初対面のときに自己紹介をすることはよくありますね。自分については
これだけは言えるようになりましょう。

//// ◁)) **まずはこのフレーズから！** /////////////////////////////////////

<ruby>Mein<rt>マイン</rt></ruby> <ruby>Name<rt>ナーメ</rt></ruby> <ruby>ist<rt>イスト</rt></ruby> <ruby>Mai<rt>マイ</rt></ruby> <ruby>Sato<rt>サトー</rt></ruby>

Mein Name ist Mai Sato.

私の名前はサトウマイです。

名乗る際には，Mein Name ist ～ のほかに，**Ich heiße** ～「私は
～という名前です」や **Ich bin** ～「私は～です」という表現も使え
ます。

● mein 私の（所有冠詞。⇨ 40 ページ）　　Name 名前　　heißen ～という名である

🔊

イッヒ　　コメ　　　アウス　トーキョー
Ich komme aus Tokyo.

私は東京出身です。

Ich komme aus 〜 で「私は〜から来ています」という表現です。aus のあとに地名を入れます。「東京」は Tokyo，Tokio の両方が用いられます。

🔊

ヴィー　イスト　イーア　　ナーメ
Wie ist Ihr Name?

あなたのお名前はなんですか。

Wie heißen Sie?／Wie heißt du?「あなたの／君の名前はなんといいますか」のバリエーションです。
ホテルやレストランなど予約した場所の受付などでは **Ihr Name, bitte?**「あなたの名前をお願いします」と言われることがよくあります。

自己紹介する (2)

自分の職業について説明できますか。

/// ◁)) **まずはこのフレーズから！** ////////////////////////////////////

イッヒ　ビン　　　アンゲシュテルター

Ich bin Angestellter.

私は会社員です。

Ich bin ～ で「私は～です」という意味です。

自分の職業を正確に答えようとすると大変になることがあるので，難しく考えずに大まかな答え方をすれば大丈夫です。

Angestellter は男性が使います。女性形は Angestellte です。

職業や身分，国籍を表す場合は，ふつう無冠詞で表します。

以下に職業名をいくつか掲げます（男性形／女性形で示します，後述）：

Arzt/Ärztin「医者」，Beamter/Beamtin「公務員」，Journalist/Journalistin「ジャーナリスト」，Ingenieur/Ingenieurin「エンジニア」。

● Angestellter 会社員

🔊

<small>ヴァス　ズィント　ズィー　フォン　ベルーフ</small>
Was sind Sie von Beruf?

あなたの職業は何ですか。

....

Was sind Sie? でも大丈夫ですが，von Beruf をつけると職業を聞いていることが明確になります。

● was 何が，何を　　Beruf 職業

o-o-o-o-o-o-o-o-o-o-o-o-o-o-o-o-o-o-o-o-o-o-o-o-o-o-o-o-o-o-o-o-o-o-o-o-o-o-o-o

🔊

<small>イッヒ　ビン　アルス　レーラーリン　テーティッヒ</small>
Ich bin als Lehrerin tätig.

私は教師として働いています。

....

Lehrerin は女性形です。男性形は Lehrer。
男性形の語末に -in をつけると女性形になります。
Student「大学生」/ Studentin「（女子）大学生」など，多くの名詞にあてはまります。

● als 〜として　　Lehrerin（女性）教師　　tätig 勤めている

趣味を伝える

趣味について話したり尋ねたりするときには,「私の〜」(mein),「あなたの〜」(Ihr) といった所有冠詞を使うことが有効です。所有冠詞はかかっている名詞の性・数・格に応じて語尾が変化します。

//// ◁)) まずはこのフレーズから！ //////////////////////////////////

ヴァス　イスト　イーア　　ホビー

Was ist Ihr Hobby?

あなたの趣味はなんですか。

mein「私の」, dein「君の」といった所有冠詞は不定冠詞類といい, 名詞の性・数・格に応じて不定冠詞に準じた語尾がつきます。
Hobby に Lieblings をつけて Lieblingshobby とすると「お気に入りの趣味」になります。
この Lieblings- は非常に便利な表現で, Lieblingsfilm「お気に入りの映画」, Lieblingsmusik「お気に入りの音楽」, Lieblingsmarke「お気に入りのブランド」のように使えます。

● Film フィルム, 映画　　Musik 音楽　　Marke 銘柄, ブランド

◁))

マイン　　ホビー　イスト　ジョッゲン
Mein Hobby ist Joggen.

　趣味はジョギングです。

名詞 Joggen は動詞 joggen「ジョギングする」から来ています。
動詞は不定詞の頭文字を大文字にして「〜すること」という中性名詞
を作ることができます。

◁))

ヴォーフュア　インテレスィーレン　ズィー　ズィッヒ
Wofür interessieren Sie sich?

　あなたは何に興味がありますか。

再帰代名詞 sich を用いた表現ですが，文法的な説明は後述します（⇨
70 ページ）。まずはこのフレーズをひとかたまりとして覚えましょう。
単に **Was machst du gern?**「君は何をするのが好きですか」と聞く
のも有効です（敬称の場合は Was machen Sie 〜? となります）。

● wofür 何に対して　　sich⁴ interessieren 興味がある　　machen する

41

🔊 04

ひとことで伝える (3) 「えっ？」

今回の「ひとことで伝える」フレーズは，言われたことに対して「えっ？」と返す表現です。

//// 🔊 まずはこのフレーズから！ ///

エヒト
Echt?

本当に？

「ほんものの，正真正銘の」という形容詞です。

日本語でとっさに出る「えっ？」，「本当？」，（若者ことばの）「マジ？」に近い表現です。会話では次の Wirklich? よりも頻繁に使われています。

ヴィアクリッヒ
Wirklich?

本当に？

「実際の，本当の」という形容詞です。**Echt?** よりはあらたまった場面で使われます。

ジッヒャー
Sicher?

確かなの？

「確実な，確かな」という形容詞です。軽い疑いを持っているときに使います。

動詞の現在形 (1)

ドイツ語の動詞は人称変化するのが特徴です。現在人称変化形を2つのトピックに分けて確認しましょう。

/// ◁)) まずはこのフレーズから！ ///////////////////////////////

<ruby>Ich<rt>イッヒ</rt></ruby> <ruby>lerne<rt>レルネ</rt></ruby> <ruby>Deutsch<rt>ドイチュ</rt></ruby>.

Ich lerne Deutsch.

私はドイツ語を学んでいます。

ドイツ語の動詞は主語によって人称変化します。
人称変化形は語幹＋人称変化語尾で作られます。動詞の代表形は不定詞で，語幹＋不定詞語尾 -en という形です（例：lernen）。
動詞の人称変化形は，平叙文では文の2番目に置かれます。Ja「はい」／Nein「いいえ」で答える決定疑問文では，動詞の人称変化形を1番目に置きます（次のフレーズを参照）。疑問文については5日目で詳しく学びます（⇨56 ページ）。

● lernen 学ぶ　Deutsch ドイツ語

🔊

アーバイテット　ダイネ　　シュヴェスター　アルス　レーラーリン
Arbeitet deine Schwester als Lehrerin?

　君のお姉さん（妹さん）は教師として働いているのですか。

....

動詞 arbeiten「働く」のように語幹が -t や -d などで終わる動詞は，2
人称親称単数・3 人称単数・2 人称親称複数の人称語尾 -t の前に口調
上の母音 e を挿入します。

● Schwester 姉，妹

⊶⊶⊶⊶⊶⊶⊶⊶⊶⊶⊶⊶⊶⊶⊶⊶⊶⊶⊶⊶⊶⊶⊶⊶⊶⊶⊶⊶⊶⊶⊶⊶⊶⊶⊶

🔊

ドゥー　フェールスト　イマー　　フォアジヒティッヒ　アウト
Du fährst immer vorsichtig Auto.

　君はいつも慎重に車を運転します。

....

2 人称親称単数・3 人称単数現在形で語幹の母音が変わる不規則動詞
があります。変化は 3 つのパターンに分けられます。① a → ä，②
短い e → i，③長い e → ie
動詞 fahren「（乗り物で）行く」は幹母音 a が ä になるタイプの動詞で
す。schlafen「眠る」，tragen「運ぶ」なども同様です。
この文で **Du fährst ja immer vorsichtig Auto.** と ja を加えると，「〜
ですね」という気持ちが加わります。

● vorsichtig 注意深く，慎重に　　Auto 自動車　　ja（強い肯定や自明であることを示す）

45

動詞の現在形 (2)

動詞の人称変化形の続きです。

//// ◁)) まずはこのフレーズから！ ///////////////////////////////////////

ライスト ドゥー オフト
Reist du oft?

君は頻繁に旅行しますか。

動詞 reisen「旅行する」のように語幹が -s や -ß などで終わる動詞は，2 人称親称単数の人称語尾 -st の s が落ち，-t となります。heißen「〜という名前である」，tanzen「踊る」なども同様です。

● oft しばしば

マイン　キント　ヒルフト　ミア　バイム　　コッヘン
Mein Kind hilft mir beim Kochen.

私の子供は私が料理するのを手伝ってくれます。

動詞 helfen「手伝う，助ける」は幹母音 e が i になるタイプの動詞です。
この動詞は 3 格目的語を取ることに注意しましょう。

● Kind 子ども　　beim Kochen 料理をするときに

リースト　ドゥー　ゲルン　　　マンガス
Liest du gern Mangas?

君はマンガを読むのが好きですか。

動詞 lesen「読む」は幹母音 e が ie になるタイプの動詞です。
Manga「マンガ」は日本語から入った外来語です。Comic「コミック」
（⇨ 208 ページ）と同義ですが，Manga は特に日本のマンガ作品を指
して用います。

否定の表現 (1)

否定文を作るときは否定辞 nicht を使う方法と，否定冠詞 kein を使う方法があります。まずは nicht を使う方法を見ていきましょう。

//// ◁》 **まずはこのフレーズから！** /////////////////////////////////

ホイテ　　　カウフェ　イッヒ　ダス　　ニヒト

Heute kaufe ich das nicht.

今日，私はそれを買いません。

ふつう nicht は文末に置いて，全体を否定します（全文否定）。
ただし，移動の方向を表す語や述語など定動詞と密接な関係にある要素が文末に置かれるときは，その文末要素の直前に nicht を置きます。

> 例：**Ich bin jetzt nicht zu Hause.**「私はいま家にいません」
> **Ich bin nicht krank.**「私は病気ではありません」

● heute 今日　jetzt いま　krank 病気の

◁»

<small>イッヒ　トリンケ　ニヒト　　ゲルン　　ミルヒ</small>

Ich trinke nicht gern Milch.

私は牛乳を飲むのが好きではありません。

- -

否定したい語の直前に nicht を置くと，部分否定になります。ここで
は gern を否定しています。

● trinken 飲む　　Milch 牛乳

◁»

<small>イスト　ドゥー　ニヒト　　ゲルン　　ケーゼ</small>

Isst du nicht gern Käse?

君はチーズを食べるのが好きではないの？

- -

否定疑問文に答える場合，「そのとおり，好きではない」と否定文で
答える場合は Nein で答えます。
「いや，好きだよ」と肯定文で答える場合は Ja を使うことができず，
Doch で答えます。

● isst＜essen 食べる（2 人称親称単数現在）　　Käse チーズ

否定の表現 (2)

名詞の前に否定冠詞 kein をつけると，否定文を作ることができます。

/// ◁》 まずはこのフレーズから！ ////////////////////////////////////

イッヒ　　ハーベ　　　カイネン　　　　ブルーダー
Ich habe keinen Bruder.

私には兄弟がいません。

kein は所有冠詞と同様，不定冠詞に準じた語尾がつきます（不定冠詞類。⇨ 40 ページ）。

否定冠詞 kein はそれだけで否定の表現となるので nicht「ない」は使いません。

姉妹がいない場合は keine Schwester を使います。兄弟も姉妹もいないという意味で keine Geschwister を使うこともできます。

● Bruder 兄，弟　　Geschwister 兄弟姉妹

◁))

カイナー　ザークト　ダス　ゾー
Keiner sagt das so.

そのように言う人は誰もいません。

否定冠詞 kein は単独で否定代名詞「誰も／何も～ない」として使うことがあります。

このとき kein の後に不定冠詞の格語尾をつけますが，男性 1 格の語尾は -er，中性 1 格／ 4 格の語尾は -s となります。

● sagen 言う　　so そのように

◁))

ヒーア　イスト　ライダー　カインス
Hier ist leider keins.

残念ながらここには 1 つもありません。

Hast du ein Messer?「ナイフを持っていますか」のように中性名詞について聞かれた場合の答え方です。

● hier ここで，ここに　　leider 残念ながら　　Messer ナイフ

05

ひとことで伝える（4）「わかりません」

わからないことは「わかりません」と言葉に出しましょう。黙っていると相手に伝わりません。

//// ◁)) まずはこのフレーズから！ ////////////////////////////////////

イッヒ　フェアシュテーエ　ズィー　ニヒト

Ich verstehe Sie nicht.

あなたの言うことがわかりません。

聞かれたことがわからないときの表現です。

Ich verstehe Sie leider nicht.「残念ながらあなたの言うことがわかりません」と leider「残念ながら」をつけると場を和らげることができます。

場面によっては「納得できない」というきつい意思表示にとられるケースもありますので，柔らかい口調や身ぶりなどで誤解を与えないようにしましょう。

Noch einmal, bitte!「もう一度お願いします」と続けてもいいでしょう。

● verstehen 理解する　einmal 一回，一度

🔊

イッヒ　ハーベ　カイネ　アーヌング
(Ich habe) keine Ahnung.

わかりません。

.....

聞かれた内容がわかっていても，答えが思いつかないときに使います。
具体的なアイディアを求められた場合には **(Ich habe) Keine Idee.**
「アイディアが浮かびません」を使うこともあります。

● Ahnung 予感，想像　Idee 考え，アイディア

🔊

ダス　ヴァイス　イッヒ　ニヒト
Das weiß ich nicht.

それは知りません。

.....

聞かれたことの答えを知らない場合に使います。
ich で始めて **Ich weiß es nicht.** としてもオーケーです。

名詞の複数形

名詞の複数形の作り方には5つのパターンがあり，それぞれの名詞によって決まっています。

//// ◁)) まずはこのフレーズから！ ///////////////////////////////

イッヒ　ハーベ　ツヴァイ　テヒター
Ich habe zwei Töchter.

私には娘が2人います。

名詞の複数形は①無語尾型，②e型，③er型，④en型，⑤s型に分類されます。

Tochter は無語尾型で，複数1格は **Töchter** です。名詞によっては幹母音がウムラウトするものがありますので，辞書で確認してみましょう。

辞書では見出し語の直後に文法情報があり，例えば **Kind**「子ども」は **Kind -(e)s/-er** とあります。スラッシュの前が単数2格で，後が複数1格です。

● Töchter＜Tochter 娘（複数4格）

◁))

イン　ヤーパン　ファーレン　アウトス　リンクス
In Japan fahren Autos links.

　日本では自動車は左側通行です。

....

名詞 Auto の複数形は s 型です。
s 型となるのは外来語がほとんどです。
das Hotel — die Hotels「ホテル」, das Handy — die Handys「携帯電話」など。

● links 左に（↔ rechts 右に）

◁))

ディーゼ　シュタット　ハット　フィーレ　ムゼーエン
Diese Stadt hat viele Museen.

　この町にはたくさんの博物館があります。

....

古典ギリシア語やラテン語起源の名詞には，複数形の作り方が特殊なものがあります。
ラテン語の Museum は Muse- が語幹で -um が格語尾でした。この作り方が現代ドイツ語に受け継がれました。

● dieser この（定冠詞類。⇨ 60 ページ）　　Stadt 町　　Museen＜Museum 博物館（複数 4 格）

決定疑問文

疑問文の作り方を確認しましょう。
疑問文には決定疑問文と疑問詞疑問文があります。まず決定疑問文を見てみましょう。

//// ◁)） まずはこのフレーズから！ ////////////////////////////////

ズィント　ズィー　　　ドイチャー

Sind Sie Deutscher?

あなたはドイツ人ですか。

Ja「はい」または Nein「いいえ」で答える疑問文（決定疑問文といいます）の作り方は，平叙文で 2 番目に置かれる定動詞を文頭に置きます。
多くの場合，文末のイントネーションを昇り調子にします。

● Deutscher ドイツ人（男性）

ハーベン　ズィー　ヴァッサー
Haben Sie Wasser?

水はありますか。

....

お店で目当ての商品があるかどうか聞くとき，直訳すると「あなたは〜を持っていますか」となる Haben Sie 〜? がよく使われます。〜の部分には 4 格の名詞が来ます。

● Wasser 水

─◦−

フェールスト ドゥー　ナーハ　　　ハンブルク
Fährst du nach Hamburg?

君はハンブルクに（乗り物で）行くのですか。

....

定動詞が不規則変化動詞の場合も，作り方は同様です。

● Hamburg ハンブルク（北ドイツにあるエルベ河畔の港湾都市）

疑問詞疑問文 (1)

疑問詞疑問文の作り方を 2 回に分けて見てみましょう。

//// 🔊 まずはこのフレーズから！ ///////////////////////////////

ヴェア　　　コムト　　　　ホイテ

Wer kommt heute?

今日は誰が来ますか。

代表的な疑問詞には以下のものがあります：
wer「誰が」, was「何が・何を」, wann「いつ」, wo「どこで, どこに」, woher「どこから」, wohin「どこへ」, wie「どのように, どのくらい」, warum「なぜ」。
wo, woher, wohin はよく似ているので注意しましょう。
wer, was は 3 人称単数扱いなので, 主語である場合は動詞は 3 人称単数形を用います。

◁))

ヴォーヘア　　ヴィッセン　ズィー　ダス
Woher wissen Sie das?

あなたはそれをどこから知ったのですか。

情報の出所を聞く表現です。
wo「どこで」ではなく，woher を使うのが自然な表現です。

◁))

ヴァルム　　　レルネン　ズィー　　ドイチュ
Warum lernen Sie Deutsch?

あなたはなぜドイツ語を学んでいるのですか。

理由を聞く疑問文です。
Weil ich nach Deutschland reisen möchte.「ドイツへ旅行をしたいから」などと答えることができます。

● möchte 〜したい（話法の助動詞 mögen の接続法第 2 式）

疑問詞疑問文 (2)

疑問詞疑問文には，以下のようなものもあります。
いずれもよく用いられる表現です。しっかり身につけましょう。

ヴェルヒェン　ヴァイン　トリンケン　ズィー

Welchen Wein trinken Sie?

どのワインをあなたは飲んでいるのですか。

定冠詞類 welcher は名詞の前に置いて「どの〜」を表します。名
詞の性・数・格に合わせて語形変化します。
定冠詞類の代表形は男性 1 格形で，ふつうこの形が辞書の見出し
語になっています。

● Wein ワイン

ヴァス　フュア　アイネン　　ロマーン　　リーストドゥー　　ゲラーデ
Was für einen Roman liest du gerade?

　どんな種類の小説をいま君は読んでいるの？

---

was für ein は「どんな種類の」を表します。
für は4格支配の前置詞ですが，この表現においては，不定冠詞 ein は後続する名詞の性・数・格に応じた形を取ります（前置詞については ⇨74-79 ページ）。

● Roman（長編）小説　gerade ちょうど，まさに

ミット　ヴェーム　　ゲーエン　ズィー インス　キノ
Mit wem gehen Sie ins Kino?

　あなたは誰と映画に行くのですか。

---

mit は3格支配の前置詞です。
ともに用いる疑問詞 wer は，3格形の wem になります。

● Kino 映画館

🔊 06

ひとことで伝える (5) 「気をつけて」

「気をつけて」と相手に注意を促す場面ではタイミング良くひとこと言いましょう。

//// 🔊 まずはこのフレーズから！ /////////////////////////////////

<small>パス　アウフ</small>

Pass auf!

注意して。

歩いている人の目の前に段差や階段がある場合など，目の前の危険を伝えるときに用います。

分離動詞 aufpassen の 2 人称親称 du に対する命令形です。2 人称親称複数 ihr に対しては **Passt auf!**，敬称 Sie に対しては **Passen Sie auf!** となります。

通りで肩がぶつかったときなどで「ちゃんと見ろ」，「気をつけろ」という意味で使われることもあるので注意が必要です。

● aufpassen 気をつける，注意する

フォアズィヒト
Vorsicht!

気をつけて。

Pass auf! と同様，目の前の危険を知らせるときに使う一般的表現です。

···≫ 標識「運転注意！（飛び出した子は）自分の子かもしれませんよ！」

アハトゥング
Achtung!

注意してください。

この表現も目の前にある注意すべきことに対するものですが，アナウンスをするときに「注目してください」という場面でも用いられます。

3 格目的語を取る動詞の表現

ドイツ語には 3 格目的語を取る動詞が多くあります。日本語の主語と目的語の関係が逆になっているものもありますので注意しましょう。

//// ◁)) まずはこのフレーズから！ //////////////////////////////

ダス　クライト　シュテート ディア　グート
Das Kleid steht dir gut.

そのドレスは君に似合っています。

ドイツ語では，4 格目的語を取る動詞のことを他動詞といいます。目的語を取る動詞の大部分は他動詞です。他動詞以外の動詞を自動詞といいます。したがって，ここで掲げている 3 格目的語を取る動詞はすべて自動詞です。

動詞 stehen「〜³ に似合う」は 3 格目的語を取る動詞（自動詞）として使われます。

3 格の不定冠詞／定冠詞は，男性 einem/dem，女性 einer/der，中性 dem/einem，複数 –/den です（不定冠詞の複数形はありません）。

● Kleid ドレス

ディーザー　ヴァーゲン　ゲヘールト　ミア

Dieser Wagen gehört mir.

この車は私のものです。

動詞 gehören「〜³のものである」は所有を表しますが，所有物が1格の主語で，所有者は3格目的語となります。日本語と格の関係が異なっているので注意しましょう。

● Wagen 自動車

ダス　デザイン　ディーゼス　アウトス　ゲフェルト　ミア　グート

Das Design dieses Autos gefällt mir gut.

この車のデザインが気に入っています。

動詞 gefallen「〜³にとって気に入る」は3格目的語を取る動詞です。
幹母音 a が ä になるタイプの不規則動詞です。
dieses Autos は2格で「この車の」を意味し，直前の名詞を修飾しています。

● Design デザイン，意匠（英語からの外来語で，英語風に発音します）

3格目的語と4格目的語を取る動詞の表現

ドイツ語には3格目的語と4格目的語を1つずつ取る動詞があります。

//// ◁》 まずはこのフレーズから！ ///////////////////////////////////

ヴァス　シェンクスト　ドゥー　ダイナー　ムッター
Was schenkst du deiner Mutter?

君はお母さんに何をプレゼントするの？

3格目的語と4格目的語を1つずつ取る動詞の多くは「～³に…⁴をする」というタイプのいわゆる「やりもらい動詞（授受動詞）」です。

Was schenkst du deiner Mutter zum Geburtstag?「君はお母さんの誕生日に何をプレゼントするの？」と使うことができます。

● schenken 贈る，プレゼントする　　Mutter 母　　zum Geburtstag 誕生日に

🔊

<ruby>Ich<rt>イッヒ</rt></ruby> <ruby>bringe<rt>ブリンゲ</rt></ruby> <ruby>Ihnen<rt>イーネン</rt></ruby> <ruby>die<rt>ディー</rt></ruby> <ruby>gewünschte<rt>ゲヴュンシュテ</rt></ruby>

Ich bringe Ihnen die gewünschte

<ruby>Zeitschrift<rt>ツァイトシュリフト</rt></ruby>

Zeitschrift.

あなたにお望みの雑誌を持ってきます。

動詞 bringe は 3 格の人に 4 格のものを「持ってくる」という動詞です。英語の bring によく似ていますね。

英語の動詞にドイツ語っぽい語尾をつけると，ドイツ語になる例はよくあります。意味が異なるケースもあるので注意しましょう。

例：英語 find「見つける」，ドイツ語 finden「思う」

● gewünscht 望まれた＜wünschen「望む」の過去分詞　Zeitschrift 雑誌

🔊

<ruby>Ich<rt>イッヒ</rt></ruby> <ruby>erzähle<rt>エアツェーレ</rt></ruby> <ruby>meinem<rt>マイネム</rt></ruby> <ruby>Sohn<rt>ゾーン</rt></ruby> <ruby>oft<rt>オフト</rt></ruby>

Ich erzähle meinem Sohn oft

<ruby>Geschichten<rt>ゲシヒテン</rt></ruby>

Geschichten.

私はよく息子に読み聞かせをします。

動詞 erzählen は 3 格の人に 4 格のものを「語って聞かせる」という動詞です。

● Sohn 息子　Geschichte お話

日常の動作を表す（分離動詞）

よく使われる動詞は分離動詞であることがあります。前綴り＋基礎動詞という形式で，主文では2番目に基礎動詞の人称変化形が置かれ，文末に前綴りが来ます。

//// ◁)) まずはこのフレーズから！ ///////////////////////////////////

イッヒ　シュテーエ　イェーデン　　モルゲン　　　ウム ゼックス ウーア アウフ

Ich stehe jeden Morgen um 6 Uhr auf.

私は毎朝6時に起きます。

動詞 aufstehen「起きる」は分離動詞です。基礎動詞 stehen の前に分離前綴り auf がついた動詞です。

主文では，文の2番目の位置に基礎動詞の人称変化形が置かれ，前綴りが文末に来ます。

従属接続詞によって導かれる副文での使い方は18日目に扱います（⇨188 ページ）。

● jeder それぞれの，おのおのの

🔊

イッヒ ルーフェ ズィー シュペーター アン
Ich rufe Sie später an.

あとであなたに電話します。

動詞 anrufen は「（自分から）電話をかける」という意味の分離動詞です。4 格目的語を取る他動詞です。
telefonieren「電話で会話する」という動詞もありますが，「これから電話します」という場面では anrufen が適切です。

・・

🔊

マッヘン　　ズィー　ダス　　フェンスター　アウフ　　ビッテ
Machen Sie das Fenster auf, bitte!

窓を開けてください。

動詞 aufmachen は「開ける」という意味の分離動詞です。反意語は zumachen「閉める」です。
öffnen「開ける」と schließen「閉める」のバリエーションとして知っておくと便利です。

● Fenster 窓

69

再帰動詞

動詞にはつねに再帰代名詞を伴って使われるものがあり，そのような動詞を再帰動詞といいます。

//// ◁)) まずはこのフレーズから！ //////////////////////////////

ゼッツェン　ズィー　ズィッヒ　ヒーアヒン　　　ビッテ
Setzen Sie sich hierhin, bitte!

こちらにお座りください。

その場での姿勢の変化や身繕いをする表現は再帰代名詞を用いて「自分自身を～する」と表すものが多くあります。
動詞 setzen は4格の人を「座らせる」。再帰代名詞目的語を用いると「自分自身を座らせる」，すなわち「座る」となります。

● hierhin こちらへ

◁»

<ruby>イッヒ<rt></rt></ruby> <ruby>メヒテ<rt></rt></ruby> <ruby>ミア<rt></rt></ruby> <ruby>イェッツト<rt></rt></ruby> <ruby>ディー<rt></rt></ruby> <ruby>ヘンデ<rt></rt></ruby>

Ich möchte mir jetzt die Hände

ヴァッシェン

waschen.

いま手を洗いたいです。

動詞 waschen「洗う」は 3 格の再帰代名詞と 4 格の身体部分とともに
用いると，「自分の〜を洗う」となります。
4 格再帰代名詞を用いると，「自分の身体（全体）を洗う」となります。

● Hände＜Hand 手（複数 4 格）

- -

◁»

ヌン ドゥーシェ イッヒ ミッヒ
Nun dusche ich mich.

これからシャワーを浴びます。

---

sich⁴ duschen「シャワーを浴びる」や身繕いの表現は再帰動詞である
ことがよくあります。

　例：sich⁴ kämmen「櫛で髪をとく」，sich⁴ rasieren「ひげを剃る」

● nun いま，これから

ひとことで伝える（6）「そのとおり」

「そのとおり」とあいづちを打つ表現を学びましょう。
あたりまえですが，理解できていないのに用いるのは禁物です。

//// 🔊 まずはこのフレーズから！ ////////////////////////////////

シュティムト
Stimmt!

そのとおりです。

動詞 stimmen「合っている」の3人称単数現在形です。主語のない一語文ですが，よく使われます。相手の意見や考えに賛同する状況で使います。
次に掲げる genau とともに **Stimmt genau.**「実にそのとおりです」と強調することができます。

ゲナウ
Genau!

まさに（そのとおりです）。

相手が言っていることに対し，その内容がすでに自分の頭の中にあったり，その発言を期待していた状況で使います。

状況によっては先の Stimmt! と組み合わせて **Genau, stimmt!**「まさにそうです。あなたの言っているとおりです」と重ねることもあります。

ヤヴォール
Jawohl!

そうですとも。

肯定の返事の強調です。

命令文に対しては「かしこまりました」の意で使われます。

前置詞を用いたフレーズ (1)

前置詞を含むフレーズを見てみましょう。後続する名詞の格は前置詞によって決まっています（前置詞の格支配といいます）。

//// ◁)) まずはこのフレーズから！ ///////////////////////////////

ディーザー　ツーク　フェールト　フォン　ケルン　ナーハ　キール
Dieser Zug fährt von Köln nach Kiel.

この列車はケルンからキールへ行きます。

von も nach も 3 格支配の前置詞で，後続する名詞・代名詞は必ず 3 格となります。

「〜を経由して」という意味の über とともに使うこともあります。

例：von Berlin über Frankfurt nach München
　　「ベルリンからフランクフルトを経由してミュンヘンへ」

「〜から…まで」の表現としてセットで覚えるといいでしょう。

● Zug 列車　　Köln ノルトライン＝ヴェストファーレン州の都市
　 Kiel シュレースヴィヒ＝ホルシュタイン州の都市

🔊

ホイテ　　ゲーエ　イッヒ　ツム　　ツァーンアルツト
Heute gehe ich zum Zahnarzt.

今日，私は歯医者に行きます。

「～へ」は多くの場合，建物や人の場合は前置詞 zu を用います。
ここでは zu dem の融合形 zum が用いられています。
ほかの誰でもなくいま話題にしている「その」歯医者という指示性を
伝えたいときは zu dem とします。

● Zahnarzt 歯医者

🔊

バイ　　　シェーネム　　　ヴェッター　　　ケネン　　　ヴィア
Bei schönem Wetter können wir
ドラウセン　　　エッセン
draußen essen.

晴れた日は外で食事ができます。

前置詞 bei は3格支配の前置詞で「～のもとで，～の際に」を表します。
なお，ドイツのカフェやレストランにはたいてい路面席やテラス席が
あり，屋外で飲食することが好まれています。

● Wetter 天気　　können ～できる　　draußen 外で，屋外で

前置詞を用いたフレーズ (2)

前置詞には意味によって3格支配になったり4格支配になるものがあります。このような前置詞を3/4格支配の前置詞と呼びます。ここでは3格支配で使われるフレーズを扱います。

//// ◁))　**まずはこのフレーズから！** /////////////////////////////////////

イッヒ　ゲーエ　オフト　イム　パルク　シュパツィーレン
Ich gehe oft im Park spazieren.

私はしばしば公園内を散歩します。

3/4格支配の前置詞は，その場所での動作や状態を表すときに3格支配で用いられます。疑問文は Wo?「どこで」を用います。

例：**Wo gehen Sie immer spazieren?**

「あなたはいつもどこで散歩しているのですか」

なお，「その公園」という指示性を持たせない場合は，in dem の融合形 im を用います。

特定の組み合わせの前置詞と定冠詞は融合することがあります。

an dem → am, an das → ans, bei dem → beim, zu der → zur など。

● spazieren gehen 散歩する（前綴りが動詞である分離動詞は前綴りと基礎動詞を分かち書きします。過去分詞は spazieren gegangen）

◁))

マイネ　　オーマ　シュレーフト　ゲラーデ　アム
Meine Oma schläft gerade am
フェンスター
Fenster.

　私のおばあちゃんはいま窓辺で眠っています。

....

前置詞 an の基本的意味は「〜のきわに」です。
代表的な表現は an der Wand 「壁に（絵が掛かっているなど）」，am Meer 「海辺で」などです。
そのほか，an der Universität 「大学で」のように個別に覚えるものもあります。

● Oma おばあちゃん

◁))

イッヒ　レーゼ　　ゲルン　アウフ　デア　　バンク　　アイネン
Ich lese gern auf der Bank einen
ロマーン
Roman.

　私はベンチに座って小説を読むのが好きです。

....

前置詞 auf の基本的意味は「〜の上」で，何かの上に接触していることを表します。
auf der Bank を直訳すると「ベンチの上で」ですね。auf dem Sofa 「ソファーで」，im Bett 「ベッドで」なども合わせて覚えておきましょう。

● Bank ベンチ

前置詞を用いたフレーズ (3)

3/4 格支配の前置詞で 4 格名詞を伴うフレーズです。

//// ◁》 まずはこのフレーズから！ ////////////////////////////////

イッヒ　ゲーエ　　マル　イン　デン　　パルク

Ich gehe mal in den Park.

その公園にちょっと行ってみます。

3/4 格支配の前置詞は，その場所へ行くという移動の方向を表すときには 4 格支配で用います。
疑問文は Wohin?「どこへ」を用います。

例： **Wohin gehen Sie jetzt?**
「あなたはいまどこへ行くのですか」

● mal（過去について）かつて，（未来について）いつか，そのうち，（話し手の気持ちを表して）ちょっと

ファーレン　ヴィア　イェッツット　アンス　メーア
Fahren wir jetzt ans Meer.

海へドライブしましょう。

---

ans Meer を直訳すると「海のきわへ」です。
1 人称複数 wir を主語にして動詞を文頭に置くと，「〜しましょう」
という提案の表現になります（⇨180-181 ページ）。
jetzt「いま」を加えるとより自然で，「さあこれから〜しましょう」と
いう気持ちを含む生き生きとした表現になります。

ヘンゲン　　ズィー　　ダス　　ビルト　アン　ディー　　ヴァント
Hängen Sie das Bild an die Wand,
ビッテ
bitte!

その絵を壁に掛けてください。

ものを移動させる動作の表現においても，4 格支配で用います。
どこか別の場所にあった絵が壁に移動することをイメージしてみま
しょう。

● **hängen** 掛ける，掛かっている（ここでは 2 人称敬称に対する依頼の表現です。
詳しくは ⇨84 ページ）　**Bild** 絵，写真　　**Wand** 壁

前置詞句目的語とともに使う動詞

動詞には前置詞句を目的語に取るものがあります。代表的なもの
を確認しましょう。

/// ◁)) まずはこのフレーズから！ ////////////////////////////////

イッヒ　ヴァルテ　アウフ　イェーマンデン
Ich warte auf jemanden.

私は人を待っています。

動詞 warten「待つ」は auf 〜 4 という前置詞句目的語とともに用
います。
直訳すれば「私は誰かを待っています」ですが，待っている相手を
言いたくない場合に使える表現です。
jemand は「誰かある人」を意味する代名詞です（1 格 jemand，2 格
jemandes，3 格 jemandem，4 格 jemanden）。

🔊

イッヒ　フロイエ　ミッヒ　　ダラウフ
Ich freue mich darauf!

楽しみにしています。

---

sich⁴ auf 〜⁴ freuen は「〜を楽しみにする」という意味です。sich は
再帰代名詞です。
前置詞 auf を，人を表さない人称代名詞と用いるときは，融合して
darauf となります。
darauf の前に schon「すでに」を入れ **Ich freue mich schon darauf!**
とすると，待ち遠しい気持ちが強まります。

🔊

エアインネルン　ズィー ズィッヒ アン　デン　　エアステン　ターク
Erinnern Sie sich an den ersten Tag
イン　ヤーパン
in Japan?

あなたは日本での最初の日のことを覚えていますか。

---

sich⁴ an 〜⁴ erinnern は「〜のことを思い出す，覚えている」という
意味です。
Erinnern Sie sich noch an den ersten Tag in Japan? と noch「まだ」
を伴わせると生き生きとした会話になります。

● erst 1番目の，最初の

◀)） 08

ひとことで伝える (7) 「ちょっと待って」

相手に待ってもらいたい場面はよくあるでしょう。ここでは，とっさに言う「ちょっと待って」の表現を掲げます。

//// ◁)） **まずはこのフレーズから！** ////////////////////////////////////

ヴァルテ　　　マル

Warte mal!

ちょっと待って。

2 人称親称単数 du に対する命令形です。

置いていかれそうになったときに使うことができます。

また，話の途中をさえぎって確認したり，自分の意見を述べる前に挟むことばとしても使用できます。

複数 ihr に対しては **Wartet mal!**，敬称 Sie に対しては **Warten Sie mal, bitte!** と bitte を加えるとよいでしょう。

🔊

モメント
Moment!

待って。

....

もともとは「瞬間」という意味の名詞です。
相手に待ってほしいときに 4 格で使います。
Kleinen Moment, bitte! と形容詞をつけたり，bitte を添えたりする
こともあります。

● klein 小さい

🔊

アイネ　　ミヌーテ　　ビッテ
Eine Minute, bitte!

1 分待ってください。

....

1 つ前の表現の応用です。
「1 分間」という具体的な時間を用いて待ってもらうときに使います
が，往々にして 1 分間という時間の長さは問題ではありません。

● Minute 分

命令や依頼の表現 (1)

命令形の表現を確認しましょう。
ドイツ語では誰に対して（du, ihr, Sie）命令するのかによって形が異なります。

//// ◁)) まずはこのフレーズから！////////////////////////////////////

ネーメン　　ズィー　プラッツ　　ビッテ
Nehmen Sie Platz, bitte!

お座りください。

2人称敬称に対する命令形は接続法第1式にして文頭に置きます。
平叙文での動詞の現在形を文頭に置くと考えて差し支えありません。
動詞 sein「〜である」は特別で，Seien Sie〜! となります。

　例：**Seien Sie leise!**「静かにしてください」

● Platz nehmen 席に着く，座る　leise 小さな声で

◁))

<ruby>ニム<rt></rt></ruby> <ruby>ルーイッヒ<rt></rt></ruby> <ruby>デン<rt></rt></ruby> <ruby>ザラート<rt></rt></ruby>
Nimm ruhig den Salat!

気を使わずにサラダをお取り。

食卓で大皿に盛られているサラダを「自由に取ってください」という
ような場面です。
2人称親称単数に対する命令形は「語幹（＋e）!」で表します。人称代
名詞 du は現れません。現在形で2人称親称単数・3人称単数で語幹
の母音が e → i に変化する動詞は，母音を変化させた語幹を用います。
このときは語末の -e をつけません。

● ruhig 静かに，構わず　Salat サラダ

◁))

<ruby>ネームト<rt></rt></ruby> <ruby>デン<rt></rt></ruby> <ruby>レーゲンシルム<rt></rt></ruby> <ruby>ミット<rt></rt></ruby>
Nehmt den Regenschirm mit!

君たち傘を持っていきなさい。

2人称親称複数に対する命令形は「語幹＋t!」で表します。人称代名
詞 ihr は現れません。
分離動詞の命令形は「基礎動詞の命令形＋〜＋前綴り」で表します。

● mitnehmen（いっしょに）持っていく　Regenschirm 傘

命令や依頼の表現 (2)

命令や依頼の表現には，動詞の命令形を使うほかにもいろいろな
方法があります。

/// ◁》 まずはこのフレーズから！ /////////////////////////////

ズィー　　マル　　イム　　　ブリーフカステン　　　ナーハ

Sieh mal im Briefkasten nach.

郵便受けを確かめてちょうだい。

命令文では，bitte「してください」，mal「ちょっと」，doch「(〜
してみて)よ」といった語を添えて口調を和らげることがよくあり
ます。
mal や doch はふつう，動詞の命令形の直後に置かれます。bitte
はこれらの位置のほかに，文頭や文末に置くことができます。
この文では **Sei doch bitte so nett und sieh mal im Briefkasten
nach.**「どうか親切であってください。そして〜」とことばを添え
ることがあります。

● nachsehen 確かめる，調べる　　Briefkasten 郵便ポスト，郵便受け

◁))

ケンテスト　ドゥー　ビッテ　マイネ　プフランツェン
Könntest du bitte meine Pflanzen
ギーセン
gießen?

草木に水をやってくれませんか。

話法の助動詞 können の接続法第 2 式を使った疑問文の形式で，丁寧
な依頼を表します。

● Pflanze 植物　　gießen 注ぐ，（植物に）水をやる

◁))

ビッテ　　ツーリュックブライベン
Bitte zurückbleiben!

　下がってください。

地下鉄などでドアが閉まるときの表現です。
動詞の不定詞を命令形の代用として用いることがあります。
乗務員室前には Tür bitte freihalten.「ドアの前を空けてください」と
表示されています。

● zurückbleiben 離れている，下がっている　　Tür ドア，扉

　　　　　　　◦))) ▶「消防車両出入口につき駐車禁止（空けてください）」

天候・気候・寒暖を表す

「暑い／寒い」や天候一般のフレーズです。
ドイツは日本よりも緯度が高い国ですが，多くの都市では夏は暑さを感じます。冬は日本以上に寒く感じられます。

/// ◁)) まずはこのフレーズから！ ///////////////////////////////////

ミア　イスト　カルト

Mir ist kalt.

私は寒いです。

気候や天候，寒暖などを表す際には，非人称の es を用います。**Es ist kalt.** で「寒いです」の意で，寒いと感じる人は 3 格で表します。この es は文頭にのみ現れる性質を持ちます。
ここで掲げた mir で始まる文では es は現れません。mir を動詞のあとに置く場合は Es ist mir kalt. となりますが，あまり用いられません。

● kalt 冷たい，寒い

🔊

<ruby>イム<rt></rt></ruby> <ruby>ゾマー<rt></rt></ruby> <ruby>イスト<rt></rt></ruby> <ruby>エス<rt></rt></ruby> <ruby>イン<rt></rt></ruby> <ruby>ヤーパン<rt></rt></ruby> <ruby>フォイヒト<rt></rt></ruby>

Im Sommer ist es in Japan feucht,

アーバー　　ツィームリッヒ　ハイス

aber ziemlich heiß.

日本の夏は湿度が高く，かなり暑いです。

非人称の es が主語の文です。接続詞 aber には逆接の意味が強く出ない使い方もあります。

質問するときは，**Wie ist das Klima/das Wetter im Sommer in Deutschland?**「夏のドイツの気候／天気はどうですか」と表現できます。

● Sommer 夏　feucht 湿った　ziemlich かなり　heiß 暑い，熱い　Klima 気候

🔊

ディー　　テンペラトゥーア　　リークト　バイ　ノイン　グラート

Die Temperatur liegt bei 9 Grad.

気温は9度です。

気温が上がる場合は steigen auf ～ Grad「～度に上がる」を，下がる場合は sinken auf ～ Grad「～度に下がる」を使うこともあります。

例：**Die Tagestemperatur heute wird bis auf 25 Grad steigen.**
「今日の日中の気温は25度まで上がるでしょう」

● liegen 横たわる，ある，位置する　Grad 度　Tagestemperatur 日中の気温，（一日の）最高気温　werden ～になる

天気を表す

天気や気象現象を表すフレーズです。多くの表現で非人称の es が用いられます。

/// ◁)) まずはこのフレーズから！ /////////////////////////////////

エス　レーグネット

Es regnet.

雨が降っています。

動詞 regnen「雨が降る」はつねに非人称の es を主語にして用い，人称変化形は 3 人称単数になります。
気象を表す動詞の多くはこのようなタイプです。
Es schneit.「雪が降る」，**Es nieselt.**「霧雨が降る」，**Es blitzt.**「稲光がする」，**Es donnert.**「雷が鳴る」など。

🔊

エス ヴィルト ホイテ ゾンニッヒ
Es wird heute sonnig.

今日は晴れるでしょう。

天気予報の一例です。
気象情報でよく使われる形容詞をまとめました。
heiter「晴れの」，wolkig「雲の多い」，bewölkt「やや雲に覆われた」，
bedeckt「かなり雲に覆われた」，regnerisch「雨降りの」，windig「風
が強い」，böig「突風の吹く」

● sonnig 太陽が照っている，よく晴れた

🔊

ヴィー イスト ダス ヴェッター
Wie ist das Wetter?

天気はどうですか。

天気を尋ねる疑問文です。
疑問詞は wie「どのような」を使うことに注意しましょう。

🔊 09

ひとことで伝える（8）「もちろんさ」

相手の言うことに対する同意を示して「もちろん」，「当然だよ」と
言えるようになるとうれしいですね。

//// 🔊 まずはこのフレーズから！ ////////////////////////////////

ナテューアリッヒ
Natürlich!

もちろん。

「もちろん」という表現としてはもっとも使われる語で，汎用性が
高い語です。
Klar!「もちろん」も同様に使われます。

ゼルプストフェアシュテントリッヒ

Selbstverständlich!

当然だよ。

---

selbst「おのずから」+ verständlich「理解できる」からなる複合語です。

フライリッヒ

Freilich!

もちろん。

Natürlich! と同じ意味で使われます。主に南ドイツで使われる表現です。

食事をする

ふだんの食事やレストランで食事をする際に使えるフレーズです。

///// ◁》 **まずはこのフレーズから！** //////////////////////////////////

<ruby>グーテン<rt></rt></ruby> <ruby>アペティート<rt></rt></ruby>

Guten Appetit!

おいしく召しあがれ。

日本語の「いただきます」と似た場面で使いますが，これから食べる人にかけることばである点に注意が必要です。

いっしょに食べる人がいれば，その人に対して「召しあがれ」と言うと同時に，自分もいっしょに食べ始めるケースにおいて使えます。

● Appetit 食欲

Schnitzel「ドイツ風カツレツ」
は老若男女に大人気。

◁))

ダス　エッセン　シュメックト　ミア　グート
Das Essen schmeckt mir gut.

この食事はおいしいです。

動詞 schmecken「味がする」は食べ物や飲み物が1格の主語で，味を感じる人は3格で表します。

Das Essen ist ～「この食事は～です」という表現も使えます。強調するには形容詞の前に sehr「とても」，echt「本当に」などをつけます。

味覚を表す主な形容詞（動詞 sein とともに使います）：lecker「おいしい」，süß「甘い」，scharf「辛い」，salzig「しょっぱい」，sauer「酸っぱい」，fett「脂っこい」。これらの形容詞を強調するには，zu「～すぎる」をつけます。

◁))

カン　イッヒ　ビッテ　ディー　シュパイゼカルテ　ハーベン
Kann ich bitte die Speisekarte haben?

メニューを持ってきてくれませんか。

レストランではテーブルに着くとすぐにメニューを持ってきてくれますが，注文後に持っていってしまうケースがよくあります。

Kann ich bitte noch einmal die Speisekarte haben? と noch einmal「もう一度」をつけるとより明確になります（店によっては食べ物のメニューと Getränkekarte「ドリンクメニュー」と別々の場合があります）。

● kann＜können ～できる（1人称単数現在）　　Speisekarte（食事の）メニュー

値段を聞く

買い物をするときに値段を聞いたり答えたりする表現です。数字を聞き取ったり，すらすら言えることが重要となります。

//// ◁)) **まずはこのフレーズから！** /////////////////////////////////

_{ヴィー　フィール　コステット　ダス}

Wie viel kostet das?

これはいくらですか。

値段を聞く基本の表現です。話しことばでは wie viel の代わりに was 使って **Was kostet das?** と言うこともあります。

● kosten（値段が）〜である

ミュンヘン（バイエルン州）の青果露店。

ディーゼス　　ブーフ　　コステット　ツヴェルフ オイロ フュンフウントノインツィッヒ
Dieses Buch kostet 12,95 Euro.

この本は 12 ユーロ 95 セントです。

€ ○○, □□という値段の表現は「○○オイロ□□」です。Cent「セント」は言わないのがふつうです。
なお，ドイツ語では小数点はコンマ（,），3 桁ごとの桁区切り記号はピリオド（.）を使います。日本語と逆なので覚えておきましょう。

● Buch 本

ヴェルヒェス　ティーシャート イスト　　ビリガー
Welches T-Shirt ist billiger?

どちらの T シャツがより安いですか。

---

2 つ以上のものについて，どちらが安価か聞く表現です。
welcher「どの」は名詞の前に置き，その名詞の性・数・格に応じた形となります。

● welches どの（中性 1 格）　　T-Shirt T シャツ　　billiger＜billig「安い」の比較級

支払いをする

レストランではテーブル会計がふつうです。担当してくれたウェイトレスさん，ウェイターさんに支払いの意思を伝えます。

//// 🔊 まずはこのフレーズから！ /////////////////////////////////

イッヒ　　メヒテ　　　　ベツァーレン
Ich möchte bezahlen.

私は支払いをしたいです。

Zahlen, bitte!「支払いをお願いします」や **Die Rechnung, bitte!**「会計をお願いします」も使えます。

通常，レストランでの値段にはサービス料が含まれていますが，セントの部分を切り上げ，さらに1ユーロ程度余分に渡すことで Trinkgeld「チップ」込みで支払うことがよくあります。

支払いが終わってから **Das ist für Sie.**「これをあなたに」と言って別個にチップを渡すこともあります。

その場で買って持ち帰るような Imbiss「軽食店，屋台」ではふつうチップを払いません。

● bezahlen お金を払う　　zahlen 支払う　　Rechnung 勘定書

◁))

ツザンメン　　オーダー　　ゲトレント

Zusammen oder getrennt?

（支払いは）いっしょですか，それとも別々ですか。

まとめて支払うなら **Zusammen, bitte!** と，個別会計するなら
Getrennt, bitte. と答えましょう。

● zusammen いっしょに　　getrennt＜trennen「分ける」の過去分詞

◁))

シュティムト　ゾー

Stimmt so.

これでけっこうです。

たとえば18.80ユーロの支払いで，20ユーロを渡してチップを含め
て「お釣りは要りません」というときに使います。
直訳すると「これで合っています」という表現です。

99

比較

比較級は原級＋ er，最上級は原級＋ st という形です（口調上の e が入ったり，最上級が -t になるなど例外もあります）。1 音節の形容詞の多くは語幹の母音がウムラウトします（例：alt—älter—ältest）。

//// ◁)) **まずはこのフレーズから！** //////////////////////////////

ヤーパン　イスト ゾー　グロース　ヴィー　　　ドイチュラント
Japan ist so groß wie Deutschland.

日本はドイツと同じくらいの広さです。

so 原級 wie 〜「〜と同じくらい…」を使った表現です。日本の面積は 377,972㎢で，357,578㎢のドイツと同じくらいです。

● groß 大きい

バウツェン（ザクセン州）遠景。「塔の町」の異名を持つ。

🔊

ハーベン　ズィー　ノッホ　エトヴァス　　ベッセレス　アルス
Haben Sie noch etwas Besseres als
ダス
das?

　これよりもうちょっといいものはありますか。

比較級も最上級も形容詞なので，通常の形容詞と同様の使い方ができ
ます。
etwas ＋ 中性形で「何か〜なもの」を表します。比較の対象は als「〜
より」で表します。

● Besseres より良いもの ＜gut「良い」の比較級の名詞化（中性 4 格）

🔊

ズィー　ゲーエン　アム　　ベステン　ツー　フース
Sie gehen am besten zu Fuß.

　いちばんいいのは徒歩で行くことです。

基本的に最上級は am −sten と前置詞句の形にするか，定冠詞＋最
上級で用います。

　　例： **Er ist der Älteste.**「彼は最年長です」

このとき最上級 ältest が名詞化し（大文字で始めます），男性 1 格の格
語尾 -e がつくことに注意しましょう（der älteste Mann）。

● am besten もっとも良く　　zu Fuß 歩いて，徒歩で
　der Älteste もっとも年長の人 ＜alt「年とった」の最上級の名詞化（男性 1 格）

◀》10

ひとことで伝える（9） 「了解です」

頼み事を引き受けたり，理解したことを伝えるために「了解です」
とひとこと言うことは大切です。

//// ◁》 まずはこのフレーズから！ /////////////////////////////////

アレス　　クラー
Alles klar!

万事オーケーです。

何かを確認したり，状況が理解できたことで「了解しました」と表
すフレーズです。
語義に忠実な訳がついていますが，そのほかにも「何も問題ない
よ」，「了解です」などとさまざまな訳語をつけることができます。
klar は「透明な，明白な」という意味の形容詞です。

● Alles すべてのこと＜aller すべての

◁))

アインフェアシュタンデン
Einverstanden!

了解です。

....

文字どおりには「同意しました」という意味です。

◁))

アウフ　イェーデン　ファル
Auf jeden Fall.

いずれにしても。

....

頼み事に対して「どんなことがあっても（もちろん）そうしますよ」と
返す場面で使います。
このフレーズを直訳すると「どんな場合でも」という意味で，もちろ
んこの意味でも用いられます。

● Fall 場合

買い物をする（1）

ドイツではショーウインドウを挟んだ対面販売が多く見られます。「〜をください」という表現を中心に学びましょう。

/// ◁)) まずはこのフレーズから！ ////////////////////////////////

イッヒ　ヘッテ　　ゲルネ　　ツヴァイ　　トマーテン
Ich hätte gerne zwei Tomaten.

トマトを2個をください。

Ich hätte gerne 〜⁴ は「〜をください」の基本的な表現です。
直訳すると「〜が欲しいのですが」です。
ドイツではバラ売りのほかに袋詰めされた青果商品もあります。

　例： eine Packung Kartoffeln「1袋のジャガイモ」

容器や単位を表す語と内容物を表す語を並べて表現します。eine Tasse Kaffee「カップ一杯のコーヒー」もこの表現の1つです。不定冠詞は容器や単位の名詞に合わせます。

● hätte＜haben「持っている」の接続法第2式1人称単数　　Tomate トマト
　Packung 1袋，1パック　　Kartoffel ジャガイモ

◁»

ダス　ネーメ　イッヒ
Das nehme ich.

それをください。

「〜をください」という場面で動詞 nehmen「取る」を使うことがあります。
ここでの das は動詞 nehmen の 4 格目的語です。
動詞 bekommen「手に入れる」を使い，**Das bekomme ich.** とすることもできます。直訳すると「それを私は手に入れます」。

◁»

イッヒ　メヒテ　ミッヒ　マル　ウムシャウエン
Ich möchte mich mal umschauen.

ちょっと（お店の中の商品を）見てみたいです。

お店に入ると，店員さんに **Wie kann ich Ihnen helfen?** ／ **Was kann ich für Sie tun?** ／ **Was darf es sein?**「何かお手伝いしましょうか」と声をかけられることでしょう。
まずは店内の商品を見てみたい場合は，こう答えましょう。

● sich⁴ umschauen 見回す　tun する　dürfen 〜してもよい

買い物をする（2）

9日目ではレストランなどでの支払いに関するフレーズを学びました（⇨98-99ページ）。ここでは買い物全般での支払い表現を学びましょう。

//// ◁)) まずはこのフレーズから！ ////////////////////////////////

ヴァス　マハト　ダス

Was macht das?

いくらですか。

「いくらですか」には **Wie viel kostet das?** や **Was kostet das?** という表現がありますが，いくつかのものを注文したときにはこちらの表現がより自然です。
直訳すると「それは何を作りますか」です。

🔊

バー　オーダー　カルテ
Bar oder Karte?

（支払いは）現金ですか，それともカードですか。

ドイツでの支払い方法は現金または EC カード（デビットカード）が主流でしたが，2020 年のコロナ禍以降はクレジットカード（特にタッチ決済）も広く使われるようになっています。

● bar 現金で　　Karte（クレジット）カード

🔊

カルテンツァールング　　　　ビッテ
Kartenzahlung, bitte.

カード（払い）でお願いします。

完全な文で **Ich bezahle mit Karte.**「私はカードで払います」と答えることもできます。
現金払いするときは **Ich bezahle bar.**「私は現金で払います」と表現できます。

107

位置関係を表す

ショーウインドウを挟んだ対面販売では，位置関係を表現できるとスムーズなコミュニケーションを取ることができます。

//// ◁)） まずはこのフレーズから！ //////////////////////////////////////

<small>ダス　　ブレートヒェン　　ヒーア　ズィート　　レッカー　　アウス</small>

Das Brötchen hier sieht lecker aus.

このブレートヒェンはおいしそうに見える。

ポイントは das Brötchen「ブレートヒェン（小さな丸いパン）」の直後の hier で，das Brötchen hier でひとかたまりです。この語を添えることにより，近くのものであることを明示できます。
遠くのものは da「あそこにある」を添えます。

● sieht ... aus ＜ aussehen 見える

Hackepeter「豚肉のミンチ」を挟んだ
ブレートヒェンはドイツならでは。

<small>ダス　　　バゲット　　ダー　ヒンテン　　ビッテ</small>

Das Baguette da hinten, bitte!

あの後ろにあるバゲットをください。

遠近を表す hier，da のほかにも前方後方を表す vorne「前方の」，hinten「後方の」を用いることもあります。
また，両者を組み合わせることも可能です。
Baguette「バゲット」はフランス語由来の外来語で，フランス語読みのとおり語末の e は発音しません。

<small>ブリンク　　ミア　　ダス　ダー　オーベン</small>

Bring mir das da oben!

上にあるあれを持ってきて！

上方下方を示す oben「上方の」，unten「下方の」も便利な単語です。

● bring! ＜bringen「持ってくる」の du に対する命令形

ホテルやレストランなどの予約をする

飛び込みでホテルの部屋を取ったり，レストランのテーブルを予約するときはどうしますか。そんなときは必要な情報や希望をしっかり伝えましょう。

//// ◁)) まずはこのフレーズから！ //////////////////////////////////

ハーベン　ズィー　ノッホ　アイン　ツィマー　フライ

Haben Sie noch ein Zimmer frei?

空いている部屋はありますか。

noch「まだ」はさほど大きな意味を持っていませんが，あるととても自然な表現になります。

ホテルの部屋を表す語として，Einzelzimmer「シングルルーム」，Doppelzimmer「ダブルルーム」，mit/ohne Dusche「シャワーつき／なし」，mit/ohne Frühstück「朝食つき／なし」などもいっしょに覚えておきましょう。

● Zimmer 部屋　　frei 空いている

イッヒ　メヒテ　　アイネン　ティッシュ　フュア　ツヴァイ

Ich möchte einen Tisch für zwei

ペルゾーネン　　レザヴィーレン

Personen reservieren.

２人でのテーブルを予約したいのですが。

有名なレストランではテーブルの予約をした方が無難です。
テーブルに「19.00－21.00 Uhr」などと時間が書かれた札があればそれ
が予約済みの時間です。店によっては予約時間以外で利用することが
可能なところもあります。

● Tisch 机，テーブル　　Person 人　　reservieren 予約する

イッヒ　ハーベ　アイネ　　レザヴィールング　　　ウンター

Ich habe eine Reservierung unter

デム　　ナーメン　　タナカ

dem Namen Tanaka.

タナカという名前で予約しています。

Reservierung の代わりに Zimmerreservierung「部屋の予約」を使う
こともあります。「～という名前で」は前置詞 unter dem Namen[3] ま
たは auf den Namen[4] で表します。

　　例：**Ich habe eine Reservierung auf den Namen Tanaka.**

Name「名前」は不規則な格変化をします：単数１格 der Name，２格
des Namens，３格 dem Namen，４格 den Namen。

111

ドイツでの語学コースを疑似体験 1

　ドイツでの語学コースは，たいていドイツ語で行なわれます。表現の使い方の説明も，文法事項の説明も，何から何までドイツ語です。本書では，2回に分けてドイツ語の文法用語のエッセンスを眺めてみます。ちょっと背伸びして疑似体験してみましょう。難しそうですか。安心してください。語学コースを受けるつもりでなくても気軽に読めるようになっています。

1. 品詞 Wortart

　品詞は動詞や名詞といった語の種類で，「○○詞」と呼ばれるものです。ドイツ語には動詞 Verb/Zeitwort，名詞 Substantiv/Namenwort，代名詞 Pronomen/Fürwort，冠詞 Artikel/Geschlechtswort，形容詞 Adjektiv/Eigenschaftswort，副詞 Adverb/Umstandswort，前置詞 Präposition/Verhältniswort，間投詞 Interjektion/Ausrufewort，数詞 Numerale/Zahlwort などがあります。いずれも2種類の呼び方を掲げました。

　スラッシュの前の形がよく使われる形で，ほかのヨーロッパ言語での呼び方と似ています。スラッシュの後ろの形は，古い本で出てくる呼び方です。どれも -wort「〜語」となっていて，たとえば形容詞は Eigenschaft「性質」+ Wort「語」という作りになっています。どんな品詞かわからなくても，-wort の前の意味からなんとなく想像がつきます。日本語の漢語と和語の対応みたいでおもしろいですね。

2. 動詞 Verb

　ドイツ語の動詞 Verb は主語 Subjekt の人称 Person と数 Zahl に応じて人称変化し（konjugieren）ます。人称変化形 Personalform は不定詞 Infinitiv の語幹 Wortstamm に人称語尾 Personalendung をつけた形です。

　haben または sein を助動詞 Hilfsverb として用い，動詞の過去分詞 Partizip II と組み合わせると，現在完了形 Perfekt となります。完了の助動詞を過去形 Präteritum にすれば過去完了 Plusquamperfekt となりますが，ここでは触れないことにします。

ドレスデン中央駅からはポーランド行きの列車も出発します。

◀》11

ひとことで伝える（10）　季節のあいさつ

この本も後半に入ります。今回のひとことは季節のあいさつです。
特に年末年始のあいさつを扱います。

//// ◁》 **まずはこのフレーズから！** //////////////////////////////

フローエ　　　　　　ヴァイナハテン
Frohe Weihnachten!

メリークリスマス。

もともとは Ich wünsche Ihnen/dir ～「私はあなたに／君に～を
願います」に続く表現で，このフレーズは 4 格です。
Weihnachten は「クリスマス」を意味する女性名詞で，ふつう複
数形で用います。
形容詞 froh を使った表現のほか，**Fröhliche Weihnachten!**／
Schöne Weihnachten!「メリークリスマス」も用いられます。類
例には **Frohe Ostern!**「ハッピーイースター」があります。

● froh 楽しい，うれしい　　Weihnacht クリスマス　　Ostern イースター，復活祭

　　　　⋯》ドレスデンのクリスマスマーケットは世界最古と言われています。

◁》

<ruby>グーテン<rt></rt></ruby> <ruby>ルッチュ<rt></rt></ruby> <ruby>インス<rt></rt></ruby> <ruby>ノイエ<rt></rt></ruby> <ruby>ヤール<rt></rt></ruby>

Guten Rutsch (ins neue Jahr)!

良いお年を。

年末のあいさつです。
Ich wünsche Ihnen/dir einen guten Rutsch ins neue Jahr. 「私はあなたに／君に良い新年への滑り込みを願っています」という文が下敷きになっています。Rutsch「滑ること」というのは興味深いですね。

● neu 新しい　Jahr 年

◁》

フローエス　ノイエス　ヤール

Frohes neues Jahr!

あけましておめでとう。

年が明けたときのあいさつです。
直訳すると「楽しい新年を」というフレーズですが，話しことばでは Jahr を省いて **Frohes Neues!** とすることもあります。

過去の話をする（1）（動詞の現在完了形）

話しことばで過去の話をするときは，現在完了形を用いることがふつうです。完了の助動詞 haben／sein の人称変化形＋動詞の過去分詞で表します。

//// 🔊 **まずはこのフレーズから！** //////////////////////////////////////

ゲステルン　　ハーベ　イッヒ　アイネン　フィルム　　ゲゼーエン
Gestern habe ich einen Film gesehen.

昨日，私は映画を観ました。

完了の助動詞は haben または sein で，動詞によって決まっています。

すべての他動詞と大多数の自動詞は haben を用います（haben 支配の動詞）。それ以外の動詞は完了の助動詞として sein を用います（sein 支配の動詞）。

分離動詞の過去分詞は前綴り＋基礎動詞の過去分詞を 1 語で綴ります（aufgestanden＜aufstehen「起きる」）。

非分離動詞の過去分詞も前綴り＋基礎動詞の過去分詞を 1 語で綴りますが，ge- はつきません。不定詞が -ieren の動詞も同様です（studiert＜studieren「大学で学ぶ」）。

● gestern 昨日

◁)

ゲステルン　ビン　イッヒ　インス　キノ　　　　ゲガンゲン
Gestern bin ich ins Kino gegangen.

昨日，私は映画を観に行きました。

動詞 gehen は sein 支配の動詞です。
sein 支配の動詞は ①状態の変化を表す動詞，②移動を表す動詞，③
その他（sein, bleiben など）です。

● bleiben とどまる

◁)

ハスト　ドゥー　マイネ　　ナーハリヒト　　　　ベコメン
Hast du meine Nachricht bekommen?

私のメッセージを受け取りましたか。

---

bekommen「得る，手に入れる」は非分離動詞です。

● Nachricht ニュース，（アプリや留守番電話などの）メッセージ

過去の話をする (2)（動詞の過去形）

書きことばではふつう，過去の話をするのに動詞の過去形を使います。動詞によっては話しことばでも過去形が使われるものもあります。

//// 🔊 まずはこのフレーズから！ ////////////////////////////////////

ヴォー　ヴァールスト　ドゥー　　デン

Wo warst du denn?

君はいったいどこにいたの？

動詞 sein「〜である」と haben「持っている」は現在完了形よりも過去形を使うことが多い動詞のひとつです。
しかしながら，現在完了形を使っても間違いではありません。
また，denn「いったい」は必ずしも強い口調ではなく，素直な興味を伝えることもあります。

🔊

_{イッヒ　ヴォルテ　アイゲントリッヒ　ドルトヒン　ゲーエン}
Ich wollte eigentlich dorthin gehen.

本当はそこに行くつもりだったんだ。

話法の助動詞を現在完了形で使うことは間違いでありませんが，過去形で表す傾向が高いです。

話法の助動詞 wollen と副詞 eigentlich「本来は，そもそも」は相性が良く，組み合わせて使うことが多い表現です。

● dorthin あちらへ

🔊

_{ダス　ヴステ　イッヒ　アオホ　ニヒト}
Das wusste ich auch nicht.

それは私も知りませんでした。

そのほかに現在完了形よりも過去形を用いることが多い動詞には，wissen「知っている」，denken「考える」などがあります。

　例：**Ich dachte, dass** 〜「私は〜だと思っていました」

その動詞の癖と理解しましょう。

● auch 〜もまた

国や地域を表す形容詞

「日本の」,「ドイツの」といった,国や地域を表す形容詞は,意外に使う機会があるものです。

/// ◁)) まずはこのフレーズから! ////////////////////////////////

ヴィア　ゲーエン　ホイテ　イタリエーニッシュ　エッセン
Wir gehen heute italienisch essen.

私たちは今日イタリア料理を食べに行きます。

国や地域を表す形容詞を副詞として用い,動詞 essen とともに使うと,「〜料理を食べる」という意味になります。

この文を直訳すると「イタリア的に食べる」です。

japanisch essen「和食を食べる」, südamerikanisch essem「南米料理を食べる」など応用範囲が広い表現ですね。

● gehen＋不定詞 〜しに行く　italienisch イタリアの　japanisch 日本の
südamerikanisch 南アメリカの

イッヒ　マーク　フランツェージッシェン　ヴァイン
Ich mag französischen Wein.

私はフランスのワインが好きです。

話法の助動詞 mögen は動詞の不定詞を伴わずに 4 格目的語を取る他動詞のような使い方があります。
この場合は「〜が好きだ」という意味になります。

● französisch フランスの

ヤパーニッシュ　シュライプト　マン　ミット
Japanisch schreibt man mit
ヤパーニッシェン　ウント　ヒネージッシェン　ツァイヒェン
japanischen und chinesischen Zeichen.

日本語は日本の文字（ひらがな，カタカナ）と中国の文字（漢字）を使って書きます。

国や地域を表す形容詞の多くは，無変化の中性名詞として「〜語」と言語名にすることができます。
形容詞の中性名詞化として格語尾をつける使い方もあります（im Japanischen「日本語では」）。

● japanisch 日本の　　schreiben 書く　　chinesisch 中国の　　Zeichen 印，記号

121

価値判断に便利な形容詞

自分の価値判断を伝えるには，sein を使った表現のほかに動詞 finden を用いたフレーズが便利です。基本的なフレーズを身につけましょう。

//// ◁)) まずはこのフレーズから！ ///////////////////////////////

イッヒ　フィンデ　　ディーゼン　　ロック　　　シック
Ich finde diesen Rock schick.

私はこのスカートをシックだと思います。

finden ＋ 4 格目的語＋形容詞「～を…だと思う」の文で形容詞を問う疑問文は，wie「どう」で聞きます。

例：**Wie finden Sie diesen Rock?**「このスカートをどう思いますか」

よく使う形容詞は，反対の意味を持つものといっしょにペアで覚えましょう。

schön 美しい ↔ hässlich 醜い，schick シックな ↔ schäbig みすぼらしい，modern モダンな ↔ altmodisch 時代遅れの，teuer 高い ↔ billig 安い／preiswert お値打ちな，groß 大きい ↔ klein 小さい，など。

● ～⁴ ...（形容詞）finden：～を…だと思う　　Rock スカート

ダス　イストヤー　トル　　ニヒト　　ヴァール
Das ist ja toll, nicht wahr?

これは本当に素晴らしい。そうですよね？

評価を表す副詞をまとめました。
super「最高」／toll「素晴らしい」> sehr gut「とても良い」> gut「良い」> nicht so gut「それほど良くない」> nicht gut「良くない」> gar nicht gut「ぜんぜん良くない」

● nicht wahr ～ですよね（付加疑問）

ミア　イスト　ヴィヒティッヒ　　ダス
Mir ist wichtig, dass ...

～は私にとって重要です。

dass は従属接続詞で，副文を作ります。副文内の定動詞は末尾に置きます。

　例：dass er heute Fußball spielt「彼が今日サッカーをすること」

そのほか，**Die Hauptsache ist, dass** ～「重要なことは～です」，**Ich finde es toll, wenn** ～「～であれば素晴らしいと思います」なども便利なフレーズです。

● wichtig 重要な　　dass ～ということ　　Fußball サッカー
　Hauptsache 主要点，重要なこと　　wenn もし～なら

◀)) 12

ひとことで伝える(11)「よかった」／「困った」

ものごとがうまくいくこともあれば，うまくいかないこともあります。そんなときのひとこと。

/// ◁)) まずはこのフレーズから！ ////////////////////////////////

ゴット　　ザイ　　ダンク

Gott sei Dank!

やれやれ。／なんとまあ。

sei は動詞 sein の接続法第 1 式です。
接続法第 1 式の用法には要求話法，間接話法があります。
このフレーズは驚きや喜び，安心を表します。たとえば，試験に合格したときや仕事で大きな成果が得られたとき，あるいは天気が悪くなると思われていたのに実際には晴れていたときなど。

Zum Glück!
<small>ツム　グリュック</small>

幸運なことに。

このフレーズと同じ意味で **Glücklicherweise!**「運良く，幸いにも」
も使うことができます。

● Glück 幸運

So ein Pech!
<small>ゾー　アイン　ペッヒ</small>

なんたる不幸か。

何か悪いことが起こったときに発するフレーズです。
似た作りのフレーズには，予期せぬことが起こったときに使う **So
ein Zufall!**「なんたる偶然だ」があります。

● Pech 不運　　Zufall 偶然

道を尋ねる

不案内なドイツで道に迷ってしまうことがあるかもしれません。
そんなときはこのフレーズです。

/// ◁)) まずはこのフレーズから！ ///////////////////////////////

<ruby>ヴォー<rt></rt></ruby> <ruby>イスト<rt></rt></ruby> <ruby>デア<rt></rt></ruby>　<ruby>バーンホフ<rt></rt></ruby>

Wo ist der Bahnhof?

駅はどこですか。

「〜はどこにありますか」という基本表現です。
Wo befindet sich der Bahnhof? と動詞 sich⁴ befinden を使うの
もいいでしょう。

● Bahnhof 駅
sich⁴ befinden
（ある場所に）ある・いる

ツィッタウ（ザクセン州）にて。
どの町にも Straßenschild「街
路名表示板」があります。

🔊

ヴィー　　コメ　イッヒ　ツア　ポスト
Wie komme ich zur Post?

郵便局へはどう行けばいいですか。

動詞は gehen「行く」や fahren「(乗り物で) 行く」を使いたくなりますが，ここでは kommen「来る」を使うと自然な表現になります。
「〜へ」は地名ならば nach（nach Berlin「ベルリンへ」）を，建物や人ならば zu（zum Bahnhof 駅へ，zu deinem Onkel「君のおじさんのところへ」）を使うことが多いです。例外もありますのでひとつひとつ確認して覚えましょう。

● Post 郵便局

🔊

イッヒ　ハーベ　ミッヒ　フェアラウフェン
Ich habe mich verlaufen.

私は道に迷ってしまいました。

再帰動詞 sich⁴ verlaufen で「道に迷う」という意味です。
文を Entschuldigung!「すみません」（⇨ 134 ページ）で始めたり，**Ich bin fremd hier.**「私はここでは不案内です」と事情を伝えると効果的です。

● fremd よその，外国の

127

道を案内する

道を聞く場合もあれば，道案内を頼まれる場合もあるかもしれません。

//// ◁)） まずはこのフレーズから！ //////////////////////////////

ゲーエン　ズィー　ヒーア　　ゲラーデアウス
Gehen Sie hier geradeaus!

ここをまっすぐ行ってください。

geradeaus「まっすぐ」，links「左に」，rechts「右に」とセットで覚えると便利です。

例：**Gehen Sie die zweite Straße links, dann die erste Straße rechts!**「2つめの通りを左に，そのあと最初の通りを右に曲がってください」

たとえば目的地が博物館ならば，**Dann sehen Sie rechts das Museum.**「そうしたら右に博物館が見えます」と続けると相手の理解が早いでしょう。

● zweit 2番目の　　dann そうしたら

🔊

<ruby>ネーメン<rt></rt></ruby> <ruby>ズィー<rt></rt></ruby> <ruby>デン<rt></rt></ruby> <ruby>ブス<rt></rt></ruby> <ruby>リヒトゥング<rt></rt></ruby>

Nehmen Sie den Bus Richtung
<ruby>ハウプトバーンホフ<rt></rt></ruby>
Hauptbahnhof!

中央駅行きのバスに乗ってください。

乗り物に乗る場合は動詞 nehmen がよく用いられます。

● Richtung 方向　　Hauptbahnhof 中央駅（Hbf. と略して書くこともあります）

🔊

<ruby>シュタイゲン<rt></rt></ruby> <ruby>ズィー<rt></rt></ruby> <ruby>アム<rt></rt></ruby> <ruby>マルクトプラッツ<rt></rt></ruby> <ruby>アウス<rt></rt></ruby>

Steigen Sie am Marktplatz aus!

マルクト広場で降りてください。

---

steigen ... aus は分離動詞 aussteigen「降りる」です。
einsteigen「乗る」，umsteigen「乗り換える」とセットで覚えておく
と便利です。

● Marktplatz マルクト広場

方角・方向を表す

場所を示すのに方角や方向を用いるのは有効な方法です。

//// ◁» まずはこのフレーズから！ /////////////////////////////////

ダス　ラートハウス　シュテート　イム　　ノルデン　　フォム　　マルクト

Das Rathaus steht im Norden vom Markt.

市庁舎は市場の北にあります。

Ost「東」，West「西」，Nord「北」，Süd「南」は名詞で，「（〜の）東に」
という場合は im –en という前置詞句で表します。

「ある」という場合，垂直方向に立っているものはしばしば動詞
stehen「立っている」を使います。

国や地域といった平面的に拡がっているものが「〜にある」と言う
ときはしばしば liegen「横たわる，位置する」を使います。

例：**Hokkaido liegt im Norden Japans.**
　　「北海道は日本の北部にあります」

● Rathaus 市庁舎　　Markt 市場

ゼーエン　ズィー　ダス　ツァイヒェン　ダー　オーベン　リンクス
Sehen Sie das Zeichen da oben links?

あの左上の印が見えますか。

名詞の後ろに場所や方向を表すことで位置を示すことができます。
おおよその語順は遠近（hier「ここ」／da「あそこ」）──上下（oben「上」
／unten「下」）──左右（links「左」／rechts「右」）だと覚えましょう。

ファーレン　ズィー　ビッテ　イン　リヒトゥング　シュタット
Fahren Sie bitte in Richtung Stadt.

町の方へ行ってください。

タクシーの運転手に対して使えるフレーズです。Richtung「方向」は
省略することもあります。
ふつうタクシーでは具体的な場所（zum Flughafen「空港へ」, Goethestraße
10「ゲーテ通り10番地」）を伝えますが，このような表現も知っておく
と便利です。

順序立てて伝える

行動やものごとを順序立てて伝えると相手を混乱させずにすみますね。

/// ◁》 まずはこのフレーズから！ //////////////////////////////////

ツーエアスト　　ベズィヒティゲン　　ヴィア　ダス　ラートハウス
Zuerst besichtigen wir das Rathaus.

私たちは最初に市庁舎を見学します。

時の流れに沿って一連の動作を伝える場合に便利な表現を並べます：zuerst「最初に」，dann「そのあとで」，später「のちに」，schließlich「最後に」。

● besichtigen 見学する

バウツェン市庁舎（ザクセン州）

<ruby>Dann<rt>ダン</rt></ruby> <ruby>bummeln<rt>ブンメルン</rt></ruby> <ruby>wir<rt>ヴィア</rt></ruby> <ruby>in<rt>イン</rt></ruby> <ruby>der<rt>デア</rt></ruby> <ruby>Innenstadt<rt>インネンシュタット</rt></ruby>.

Dann bummeln wir in der Innenstadt.

そのあと町の中心部を散策します。

---

dann はとても便利な語で，Dann ～. Danach ～. Dann ～. と文を続けるドイツ人が多くいます。この dann は副詞なので，Dann ＋定動詞＋主語～の語順になります。

● bummeln ぶらぶら歩く，散策する　Innenstadt 町の中心部
　danach そのあとで

<ruby>Schließlich<rt>シュリースリッヒ</rt></ruby> <ruby>haben<rt>ハーベン</rt></ruby> <ruby>wir<rt>ヴィア</rt></ruby> <ruby>Abendessen<rt>アーベントエッセン</rt></ruby>.

Schließlich haben wir Abendessen.

最後に夕食をとります。

締めくくりには schließlich を使いましょう。
一連の流れの終わりだとシグナルを送る語です。

● Abendessen 夕食

133

🔊 13

ひとことで伝える（12）「すみません」

「すみません」のフレーズです。状況に応じて使い分けることができるようになりましょう。

/// 🔊 まずはこのフレーズから！ ///////////////////////////////

エントシュルディグング
Entschuldigung!

すみません。

動詞 entschuldigen「許す」の名詞形です。
「すみません」の表現はいくつかありますが，このフレーズがもっともよく使われるフレーズで，日本語で声をかけるときの「すみません」としても使えます。
また，**Entschuldigen Sie!**「すみません」もよく使われます。

🔊

フェアツァイウング
Verzeihung!

すみません。

動詞 verzeihen「許す」の名詞形です。
うっかり足を踏んでしまったときなど，自分の非を許してもらうときに使うことが多いフレーズです。
Verzeihen Sie!「許してください」も同様に使われます。

🔊

トゥット　ミア　ライト
Tut mir leid!

ごめんなさい。

相手に対して残念な気持ちを含むときに使われます。
Es tut mir leid.「ごめんなさい」がもとになっている表現で，es を用いた表現も使われます。

● leid（tun とともに用いて）残念な，気の毒な

時刻を表す (1)

日常生活においても，旅行時においても，時間の表現は重要です。
基本となるフレーズを身につけましょう。
なお，日本とドイツには8時間（夏時間のあいだは7時間）の
Zeitverschiebung「時差」があります。

//// ◁》 **まずはこのフレーズから！** //

ヴィー　シュペート　イスト　エス　イェッツト
Wie spät ist es jetzt?

いま何時ですか。

時刻を尋ねるときの決まりきった表現です。
時刻の表現では非人称の es を主語に用います。
直訳すると「どのくらい遅いですか」というのがおもしろいですね。
jetzt「現在」はあってもなくてもかまい
ません。

ミュンヘン（バイエルン州）新
市庁舎。中央の塔にはからく
り時計があります。この人形
は等身大で作られています。

エス イスト アハツェーン ウーア ツヴァンツィッヒ
Es ist 18.20 Uhr.

18 時 20 分です。

時刻は ○○.×× Uhr と記して「○○ Uhr ××」と読みます。
数字 20 〜 99 は -zig ですが，30 〜 39 は例外的に -ßig となることに
注意しましょう。

イッヒ エッセ　　イマー　　ウム ツヴェルフ ウーア　　ツー
Ich esse immer um 12 Uhr (zu)
ミッターク
Mittag.

私はいつも 12 時に昼食をとります。

「〜時（〜分）に」と何かをする時間を表すときは，前置詞 um を用い
ます。zu Mittag essen「昼食をとる」は古くなりつつあり，現在は zu
を使わない方がよく使われます。

● zu Mittag 昼に

時刻を表す（2）

日常生活，特に話しことばでは 12 時間制で表す時間表現があります。15 分，30 分，45 分の表現に注意しましょう。

/// 🔊 まずはこのフレーズから！ ///////////////////////////////////

エス イスト ハルプ ズィーベン アーベンツ
Es ist halb sieben (abends).

（晩の）6 時半です。

話しことばでは 12 時間制で時刻を言うことがあります。
〜時 30 分は halb を使います。次の 00 分まであと半分と覚えましょう。
午前なのか午後なのかを明示したいときは，morgens「朝に」，vormittags「午前に」，nachmittags「午後に」などを後続させます。また，「6 時半に（〜する）」であれば，前置詞 um を用いて um halb sieben とします。

● halb 半分　abends 晩に

ゲーエン　ヴィア　ウム　フィーアテル　フォア　エルフ　ロース

Gehen wir um Viertel vor elf los!

10 時 45 分に私たちは出かけましょう。

---

12 時間制の話しことばでは Viertel「4 分の 1」を使った表現もあります。

ここでは「11 時の前の 4 分の 1」で「10 時 45 分」です。

Viertel nach elf だと「11 時のあとの 4 分の 1」ですから「11 時 15 分」となります。

● losgehen 出発する，出かける

ウム　ヴィー　フィール　ウーア　ファーレン　ズィー　アブ

Um wie viel Uhr fahren Sie ab?

あなたは何時に出発しますか。

「〜時（〜分）に」は前置詞 um を使いますが，「何時（何分）に」と尋ねるときも同様に前置詞 um を使い，Um wie viel Uhr 〜 ? と尋ねます。

● abfahren 出発する

139

曜日を表す

曜日の表現を身につけましょう。

//// 🔊 まずはこのフレーズから！ ///////////////////////////////////

ホイテ　イスト　モンターク
Heute ist Montag.

今日は月曜日です。

Heute ist ～（曜日）で覚えましょう。

曜日の名前は名詞で、すべて男性名詞です：

Montag「月曜日」，Dienstag「火曜日」，Mittwoch「水曜日」，
Donnerstag「木曜日」，Freitag「金曜日」，Samstag「土曜日」，
Sonntag「日曜日」。

🔊

ヴェルヒャー　ターク　イスト　ホイテ

Welcher Tag ist heute?

今日は何曜日ですか。

曜日を聞く表現です。
welcher Tag「どの日」という 1 格の表現に注意しましょう。

🔊

アム　　　ゾンターク　　　ゲーエ　イッヒ インス　　テアーター

Am Sonntag gehe ich ins Theater.

日曜日に私は演劇を観に行きます。

「〜曜日に」は am 〜（曜日）で表します。
am は前置詞 an と定冠詞 dem（男性 3 格）の融合形です。

● Theater 劇場

141

日付を表す

日本語の日付の表現は年月日の順ですが，ドイツ語では日月年の順で表します。

//// ◁)) まずはこのフレーズから！ /////////////////////////////////

ホイテ　イスト　デア　ドリッテ　オクトーバー
Heute ist der 3. Oktober.

今日は 10 月 3 日です。

動詞 sein を使って，日付を 1 格で表します。
また，動詞 haben を用いて「〜月〜日を持っています」という表現を使うこともできます。このとき日付は haben の 4 格目的語になります。なお，日付は序数を使うことに注意しましょう。

例：**Morgen haben wir den 4. Oktober.**
「明日は 10 月 4 日です」

なお 10 月 3 日は Tag der Deutschen Einheit「ドイツ統一記念日」で，ドイツでは祝日です。

デア　ヴィーフィールテ　イスト　ホイテ

Der Wievielte ist heute?

今日は何月何日ですか。

日付を尋ねるときは序数の疑問詞 wievielt「何番目の」を使います。
このフレーズは動詞 sein「〜である」を使った表現で，「何日」が1格
で表されています。

デン　ヴィーフィールテン　　ハーベン　ヴィア　ホイテ

Den Wievielten haben wir heute?

今日は何月何日ですか。

動詞 haben「持っている」を使った表現です。
「何日」が haben の4格目的語となっています。

🔊 14

ひとことで伝える（13）「しまった」

誰でも困った状況に出くわしたり，言い間違いをすることはあります。そんなときに使えるフレーズです。

///// 🔊 まずはこのフレーズから！ /////////////////////////////

クヴァッチュ

Quatsch!

違った。

Quatsch は「ばかばかしいこと」を意味する名詞です。
言い間違いをしたとき，nein「いや違う」と言うこともありますが，
この表現を使って言い直すことがよくあります。

> 例：**Er kommt erst morgen—Quatsch, übermorgen.**
> 「彼は明日になってようやく…違う，明後日来ます」

間投詞表現は場面や発する語によって相手に失礼なこともあるので注意が必要です。

● übermorgen 明後日

🔊

メンシュ
Mensch!

しまった。

「人」を意味するこの名詞は，間投詞として「ああ」，「しまった」，「なんてことだ」という使われ方をします。
ネガティブな意味でも用いますが，驚いたときの表現「おやまあ」としても使います。

🔊

ウム　　ゴッテス　　ヴィレン
Um Gottes willen!

とんでもない。

---

um ～^{2} willen は「～のために」という理由を表す表現です。
直訳すると「神のために」となりますが，驚きや不安を表す間投詞的に用いて「とんでもないことだ」，「お願いだから（やめてほしい・そうあってほしい）」という使われ方をします。たとえば，ショッキングなニュースを耳にしたときや，大事なものを無くしたときなど。

切符を買う

ドイツ旅行に行ったら鉄道で移動することもあるでしょう。車窓を眺めながらゆっくり過ごすのもいいものです。

//// 🔊 **まずはこのフレーズから！** //////////////////////////////

アインマル　　ナーハ　　ベアリーン　　　ビッテ
Einmal nach Berlin, bitte!

ベルリンまで1枚ください。

駅の窓口で切符を買うシーンです。
Einmal/Zweimal/... nach 〜（地名）bitte!「〜まで1枚／2枚／…ください」というパターンで覚えましょう。

切符は改札機に通して entwerten
「タイムスタンプを押す」をします。

ファールシャイン　　ビッテ　　　ヒーア　　ビッテ
Fahrschein, bitte! —Hier bitte.

切符を拝見します ── こちらです。

車内検札でのやりとりです。ドイツの駅には日本のような改札システムはありません。
車掌さんに切符を見せたら Danke schön!「ありがとうございました」と言われるはずです。そのときは Bitte schön!「どういたしまして」や Gerne.「喜んで」と答えましょう。

● Fahrschein 切符

ヴァン　　ファーレン　ズィー　アップ
Wann fahren Sie ab?

発車はいつですか。

「何時に出発しますか」と バスやトラムの運転手さんに直接聞く場合は，この表現が自然です。In 5 Minuten.「5 分のうちに」などと返ってくるでしょう。

「〜ごとに」，「〜おきに」

頻度を表す表現には特徴的なものがあります。代表的なフレーズ
を確認しましょう。

//// ◁)) まずはこのフレーズから！ ///////////////////////////

イッヒ　フリューシュテュッケ　イェーデン　　　モルゲン　　ウム　ズィーベン ウーア
Ich frühstücke jeden Morgen um 7 Uhr.

私は毎朝7時に朝食をとります。

時を表す表現には，4格名詞句で表すものが多くあります（副詞的
4格）。
jeden Tag「毎日」，jeden Morgen「毎朝」，jeden Abend「毎晩」，
jede Woche「毎週」，jeden Monat「毎月」，jedes Jahr「毎年」など。

● frühstücken 朝食を食べる

イッヒ　ケーレ　アレ　ツヴァイ　ヤーレ　イン　ディー
Ich kehre alle zwei Jahre in die
ハイマート　　ツリュック
Heimat zurück.

私は2年に1度，故郷に帰省します。

....

alle ～（数字）Jahre は「～年ごとに」という表現です。
Jahre をほかの語に変えて表すこともできます。

例： alle drei Tage「3日ごとに」

● zurückkehren 帰る，戻る　　Heimat 故郷

ゾンタークス　　シュラーフェ　イッヒ　　レンガー
Sonntags schlafe ich länger.

私は毎週日曜日には長く寝ています。

....

曜日名に -s をつけると，「毎～曜日に，～曜日ごとに」という副詞に
なります。
Morgen「朝」と morgens「朝に，毎朝」や，Mittag「昼」と mittags「昼
に」などの関係も同様です。

● länger＜lang「長く」の比較級

頻度の表現

いつもしますか。ときどきしますか。全然しませんか。頻度を表す副詞を使いこなせるようになりましょう。

/// ◁》 まずはこのフレーズから！ ///////////////////////////////

イッヒ　　コッヘ　　　　イマー　　　　ゼルバー
Ich koche immer selber.

私はいつも自炊しています。

頻度を表す代表的な副詞には immer「いつも」，meistens「たいてい」，oft「しばしば」，manchmal「ときどき」，selten「ほとんどない」，nie「決してない」があります。

これらの副詞の前に fast「ほとんど」や sehr「とても」をつけて表すこともあります。

頻度を聞くときは wie oft「どのくらい頻繁に」を用います。

例：**Wie oft kochen Sie?**

「どのくらい（の頻度で）料理をしますか」

● kochen 料理する　selber 自分で

マンヒマール　エッセ　イッヒ　ツー　フィール　ショコラーデ

Manchmal esse ich zu viel Schokolade.

私はときどきチョコレートを食べ過ぎてしまいます。

---

oft「しばしば」ほどでないときは manchmal を使います。
なお，形容詞や副詞の前に zu を置くと，「あまりに～，～すぎる」という意味を表します。

● Schokolade チョコレート

イッヒ　ファーレ　ニー　シー

Ich fahre nie Ski.

私はスキーをまったくしません。

頻度が 0 であるときは nie「決してない」を用います。
Ski は動詞 fahren「（乗り物で）行く」といっしょに使います。

● Ski スキー（ノルウェー語由来の外来語で，日本語の「シー」とほぼ同じ発音です）

不定代名詞 man を使った表現

ドイツ語には不定代名詞 man があります。名詞 Mann「男性，夫」と混同しないようにしましょう。

///// ◁)) まずはこのフレーズから！ /////////////////////////////////

ダス　　カン　　マン　　ドルト　　カウフェン
Das kann man dort kaufen.

それはそこで買えますよ。

不定代名詞 man は「人は一般に」という意味を持ちます。文法的には３人称単数扱いです。
この man は ①訳さないか，②動詞を受動の意味で解釈すると，日本語の表現とちょうどいい対応になります。

● dort そこで，そこに

ゲルリッツ（ザクセン州）の
ショッピングストリート。

◁))

ムス　　マン　ヒーア　　　ハウスシューエ　　　トラーゲン
Muss man hier Hausschuhe tragen?

ここではスリッパを履かなければなりませんか。

Brille「メガネ」，Hut「帽子」，Mütze「（縁なし）帽子」，Maske「マスク」
など着用するものは動詞 tragen とともに使います。

● Hausschuhe スリッパ，室内履き　　tragen 運ぶ，身につける

◁))

マン　　ザークト
Man sagt, ...

～と言われています。

動詞 sagen「言う」の主語に man を用いると，「そのようなことが一般に言われている」という意味になります。

🔊 15

ひとことで伝える（14）　感情を表す間投詞

感情を表す間投詞3選です。これがとっさに出たら，あなたはもうドイツ人？

//// 🔊 まずはこのフレーズから！ ////////////////////////////////

アッハ　ゾー
Ach so!

ああそう。

相手に言われたことに対して同意したり，気づきがあったりしたときのフレーズです。

渋々ながら同意するときにもトーンを下げて言うことがあります。

日本語の「ああそう」とほぼ同じ発音，ほぼ同じ意味で使われます。

日本語の「ああそう」は，日本に来たドイツ人が最初にマスターする日本語だという冗談があります。

◁))

ズーパー
Super!

すごい。

「素晴らしい」を表す形容詞や副詞の多くは，驚嘆や喜びを表す間投詞のように使われることがよくあります。
類語には **Wunderbar!**「素晴らしい」，**Klasse!**「素敵だ」，**Prima!**「最高だ」，**Wahnsinn!**「すごい」などがあります。

◁))

オーイェー
Oje!

おやまあ。

驚きや心配，悲しみ，苦しみを表す間投詞です。
うれしいときには使いません。
不快感や嫌悪感を表す間投詞には **Igitt!**，**Iieh!**「いやだ，うえーっ」（後者のつづりは定まっていません）がありますが，積極的に使うのは避けましょう。

喜びの表現

うれしい知らせに接したり，ものごとがうまくいったときには，
ぜひこのフレーズを。うれしい気持ちは共有したいものですね。

//// ◁» まずはこのフレーズから！//////////////////////////////////

イッヒ　フロイエ　ミッヒ　ユーバー　イーレン　ベズーフ
Ich freue mich über Ihren Besuch.

あなたの訪問をうれしく思います。

sich^4 freuen には前置詞句目的語によって2つの意味があること
を確認しましょう。
über ＋ 4格は「〜を喜ぶ」，auf ＋ 4格は「〜を楽しみにする」。

● Besuch 訪問

🔊

ウングラウプリッヒ
Unglaublich!

信じられない。

この語は un-「反対の」+ glaub(en)「信じる」+ -lich「されうる」というなりたちで，文字どおり「信じることができない」という表現です。単に信じられない場合のほか，信じられないほどうれしいことが起きたときに使います。

🔊

ダス　マハト　ミッヒ　グリュックリッヒ
Das macht mich glücklich.

うれしいです。

直訳すると「それは私を幸福にします」という文です。
日本語の感覚ですと，つい ich「私は」を主語にした文を思い浮かべがちですが，「私を〜する」という表現もあることに注意しましょう。

● glücklich 幸運な，幸福な

157

怒りの表現

ドイツに行って怒りを覚えたり，怒られたりすることがあるかもしれません。そんなときはこのフレーズを。

///// ◁)) まずはこのフレーズから！ ////////////////////////////////

イッヒ　　エルゲレ　　ミッヒ

Ich ärgere mich.

私は怒っています。

動詞 ärgern は，1 格主語の人やものが 4 格目的語の人を悪意を持って「怒らせる」という他動詞です。

4 格目的語を再帰代名詞にして「自分自身を怒らせる」という表現にすれば，1 格の主語の人が「怒る」という意味になります。

何について怒っているかは，über を使った前置詞句で表します。

例：**Ich ärgere mich über das Ergebnis der Fußballmannschaft.**
「私はそのサッカーチームの結果に怒っています」

● Ergebnis 結果　　Fußballmannschaft サッカーチーム（Fußball「サッカー」＋ Mannschaft「チーム」）

🔊

ダス　ギーブツ　　ドッホ　　ニヒト
Das gibt's doch nicht.

　そんなことがあるわけない。

---

es gibt ＋４格を使った表現です。
後のフレーズであらためて解説します（⇨212ページ）。いまはこのまま覚えておきましょう。
似た意味を持つ表現には **Das darf nicht wahr sein.**「そんなことがあってはならない」があります。

● wahr 真実の，本当の

🔊

ビッテ　　レーゲン　ズィー　ズィッヒ　ニヒト　　ゾー　アウフ
Bitte regen Sie sich nicht so auf.

　そんなに怒らないでください。

分離動詞 aufregen は４格の人をうんざりだと思わせることで「怒らせる」という使い方をします。
再帰代名詞を４格目的語にすることで「自分自身を怒らせる」，すなわち「怒る」となります。

悲しみの表現

誰かに悲しい気持ちを伝えたいことがあるかもしれません。

//// 🔊 **まずはこのフレーズから！** /////////////////////////////

イッヒ　ビン　トラウリッヒ

Ich bin traurig.

私は悲しいです。

traurig は「悲しい」という形容詞です。
悲しみの対象は über 〜 ⁴ で表します。

　例： **Ich bin traurig über den Tod meiner Großmutter.**
　　　「私は私の祖母の死を悲しく思っている」

Das macht mich traurig.「それは悲しい」と machen ＋人（4 格）
＋形容詞で「〜を…させる」という表現も使えます。

● Tod 死　　Großmutter 祖母

🔊

シャーデ
Schade.

残念です。

「残念だ」という意味の形容詞です。
完全な文の形で **Es ist schade, dass du nicht kommen kannst.**「君が来ることができないのは残念だ」という使い方もよく見られます。

🔊

イッヒ　　ケンテ　　ファスト　ヴァイネン
Ich könnte fast weinen.

私はもう泣きそうだよ。

---

könnte は話法の助動詞 können の接続法第 2 式（⇨ 198-199 ページ）で，まだ起こっていない「非現実」の表現です。
ここでは副詞 fast といっしょに用いて「ほとんど～しそうだ」という意味になります。

● fast ほとんど　　weinen 泣く

許可を求める（話法の助動詞）

許可を取った方がいいことは事前に許可を求めましょう。

//// ◁)) まずはこのフレーズから！ /////////////////////////////////

ダルフ　イッヒ　ディー　ヴァーレン　　フォトグラフィーレン
Darf ich die Waren fotografieren?

（店の中で）商品の写真を撮ってもいいですか。

話法の助動詞 dürfen は許可「〜してもよい」を表します。
否定文にすると「〜してはいけない」と禁止の意味になります。
話しかけるときに Entschuldigung.「すみませんが」と言うとスムーズです。写真を撮るときなどは一声かけてから撮るようにしましょう。

● Ware 商品　　fotografieren 写真を撮る

シュテーレ イッヒ ズィー　ヴェン　イッヒ イェッツト ミット
Störe ich Sie, wenn ich jetzt mit
イーネン　シュプレッヒェ
Ihnen spreche?

いまあなたと話したらお邪魔ですか。

動詞 stören は「邪魔をする」で，もし〜なら（wenn）お邪魔ですかという表現です。

● sprechen 話す

ゾル　イッヒ　グライヒ　アインカウフェン　　ゲーエン
Soll ich gleich einkaufen gehen?

いますぐ買い物に行った方がいいですか。

---

sollen は「主語以外のものの意志」を表します。
ここでは聞き手の意志を表していますが，誰の意志であるかは文脈や状況によって異なります（神や社会規範など）。

● einkaufen 買い物をする

◀))16

ひとことで伝える（15）「なんかおかしいぞ」

奇妙に思ったり，期待や見込みが違ったときに使えるフレーズを掲げます。

//// ◁)) **まずはこのフレーズから！** /////////////////////////////

エス　イスト　コーミッシュ

Es ist komisch.

変だな。

予想に反する事態に対して「おかしいな，不思議だな」という場面で使います。

ここで掲げる 3 つのフレーズは，いずれも Es ist を省くこともあります。

komisch は「こっけいな」という意味の形容詞で，もちろん「（笑っちゃうほど）おかしい」という使い方もします。

エス イスト　メルクヴュルデイッヒ
Es ist merkwürdig.

奇妙だな。

形容詞 merkwürdig「奇妙な，風変わりな」という意味です。
動詞 merken「気づく」の語幹と würdig「〜に値する」からなる複合語です。

エス イスト　　ウンゲヴェーンリッヒ
Es ist ungewöhnlich.

ふつうじゃないな。

形容詞 gewöhnlich「ふつうの，日常の」に「反対概念」を表す接頭辞 un- をつけた表現です。

お祝いを述べる

試験に合格する，試合に勝つ，宝くじが当たるなどお祝いしたいときにはこのフレーズを。

///// ◁)) **まずはこのフレーズから！** //////////////////////////

ヘルツリッヒェン　　　　　　　グリュックヴンシュ
Herzlichen Glückwunsch!

おめでとう。

Herzlichen Glückwunsch は4格で使います。

Herzlichen Glückwunsch zum Geburtstag!「誕生日（に際して）おめでとう」と語句を続けることもよくあります。

herzlich を使ったフレーズはよく見られます：

Herzlich willkommen!「ようこそ！」，Herzliche Grüße「心からのあいさつを（手紙の結び）」，**Herzliches Beileid!**「心からのお悔やみを申し上げます」。

● Glückwunsch お祝いのことば　　willkommen 歓迎される　　Grüße＜Gruß「あいさつ」の複数　　Beileid お悔やみ，弔意

アレス　グーテ
Alles Gute!

ご多幸を。

Ich wünsche Ihnen/dir alles Gute.「私はあなたの／君の幸せを祈ります」がもとになっている表現です。
このフレーズは別れ際にもよく使われます。

◁》

イッヒ　グラトゥリーレ
Ich gratuliere!

おめでとう。

完全な文の表現ですが，主語 ich を省いて単に **Gratuliere!** とすることもあります。

● gratulieren お祝いを言う

相手の成功を願う

相手が何かに挑んだりするときには，このように声をかけましょう。

///// ◁)） まずはこのフレーズから！ ///////////////////////////////////////

フィール　エアフォルク
Viel Erfolg!

成功しますように。

何かを願うときの基本文型は Ich wünsche Ihnen/dir 〜 4「私はあなたに／君に〜を願います」です。
このとき 4 格目的語だけで表現することがよくあります。
あいさつ表現である Guten Tag! もこの表現がもとになっています。ここでは代表的なものを身につけましょう。

● Erfolg 成功

◁»

フィール　グリュック
Viel Glück!

幸運を。

相手が何か難しいことにチャレンジするときに返す表現です。
旅行に行く，行楽に行くなど相手がこれから楽しいことをすると伝え
てきたときには，**Viel Spaß!**「楽しんで」を使います。

● Spaß 楽しみ

◁»

トイ　トイ　トイ
Toi, toi, toi!

うまくいきますように。

具体的なことを表す場合は für ＋ 4 格名詞を用います。

　例：**Toi, toi, toi für den Test!**「テストがうまくいきますように」

Ich drücke dir die Daumen.「君の成功を祈ります」という表現もあ
ります。これは両手の親指を 4 本の指で押さえ，拳を作って前に軽
く突き出す動作です。

● drücken 押す　　Daumen 親指

zu 不定詞

動詞の不定詞の前に zu をつけると zu 不定詞になり，「〜すること」を表します。

//// ◁)） まずはこのフレーズから！////////////////////////////////////

テークリッヒ　　ドイチュ　　ツー　ヘーレン　イスト　ミア　ヴィヒティッヒ

Täglich Deutsch zu hören ist mir wichtig.

毎日ドイツ語を聞くことは，私にとって重要です。

動詞の zu 不定詞は，不定詞の前に zu を置いて作ります（zu lernen「学ぶこと」）。分離動詞の zu 不定詞は「前綴り＋ zu ＋基礎動詞」を 1 語で綴ります（aufzustehen「起きること」）。

zu 不定詞には ①名詞的用法，②形容詞的用法，③副詞的用法があります。

この文は名詞的用法で，文の主語として用いられています。人称代名詞 es を用いて zu 不定詞句を後置することもよく見られます。

例：**Es ist mir wichtig, täglich Deutsch zu hören.**

● täglich 毎日

◁»)

<ruby>カン<rt></rt></ruby> <ruby>イッヒ<rt></rt></ruby> <ruby>ズィー<rt></rt></ruby> <ruby>ダールム<rt></rt></ruby> <ruby>ビッテン<rt></rt></ruby>
Kann ich Sie darum bitten,
<ruby>ミア<rt></rt></ruby> <ruby>ヴァッサー<rt></rt></ruby> <ruby>ツー<rt></rt></ruby> <ruby>ブリンゲン<rt></rt></ruby>
mir Wasser zu bringen?

水を持ってくることを頼めますか。

動詞 bitten は「人（4 格）に um 〜⁴ を頼む」という使い方をします。
ここでは um の内容を後続の zu 不定詞句で表しています。
um の前の da(r) が zu 不定詞句を指し示しています。

● darum　前置詞 um と（人を表さない）人称代名詞の融合形

◁»)

<ruby>イッヒ<rt></rt></ruby> <ruby>ハーベ<rt></rt></ruby> <ruby>ルスト<rt></rt></ruby> <ruby>ナーハ<rt></rt></ruby> <ruby>プラーク<rt></rt></ruby> <ruby>ツー<rt></rt></ruby> <ruby>ファーレン<rt></rt></ruby>
Ich habe Lust, nach Prag zu fahren.

プラハへドライブに行きたいです。

---

zu 不定詞句が名詞 Lust「（〜したい）気持ち」を修飾する形容詞的用法
の例です。
Ich möchte nach Prag fahren.「私はプラハへ行きたいです」と置き
換えることができます。

● Prag　プラハ（チェコの首都）

171

～するために，～することなしに， ～する代わりに

zu 不定詞は前置詞と組み合わせて副詞的に使う用法があります。

/// ◁》 まずはこのフレーズから！ /////////////////////////////////

イッヒ ジョッベ ウム イン ボン ツー シュトゥディーレン

Ich jobbe, um in Bonn zu studieren.

私はボンで学ぶために，アルバイトをしています。

um ＋ zu 不定詞句で「～するために」という目的を表す表現です。
前置詞＋ zu 不定詞句と主文の区切りにはコンマを置きます。

例：**Um in Bonn zu studieren, jobbe ich dreimal pro Woche in der Bibliothek.**「私はボンで学ぶために，週 3 回図書館でアルバイトをしています」

● jobben アルバイトをする　　Bonn ノルトライン＝ヴェストファーレン州の都市。旧西ドイツの首都　　dreimal 3 回　　pro Woche 1 週間につき　　Bibliothek 図書館

🔊

イッヒ　カン　　ニヒト　ヴェックゲーエン　　オーネ　ツー

Ich kann nicht weggehen, ohne zu

フリューシュトュッケン

frühstücken.

私は朝食を食べないと外出できない性格です。

ohne + zu 不定詞句で「～することなしに」という表現です。
ohne は「～なしに」という 4 格支配の前置詞です。

● weggehen 立ち去る，外出する

🔊

イッヒ　ヘーレ　　リーバー　ツー　シュタット　ツー　レーデン

Ich höre lieber zu, statt zu reden.

私は話をするより聞く方が好きです。

statt + zu 不定詞句で「～する代わりに」という表現です。
statt は「～の代わりに」という 2 格支配の前置詞です。

● zuhören 耳を傾ける，聴き入る　lieber より～したい <gern「～するのが好き
だ」の比較級　reden 話す，しゃべる

◀)) 17

ひとことで伝える（16）「大丈夫だよ」

心配そうにしている人に対し，「大丈夫だよ」と励ますフレーズを
3つ掲げます。

//// ◁)) まずはこのフレーズから！ ////////////////////////////////

カイン　　　プロブレーム
Kein Problem.

問題ないよ。

日本語の「問題ありません」と同じ場面で使うことができるフレー
ズです。
何かを依頼され，承諾する場合に返すことばとしても用いられま
す。

● Problem 問題

カイネ　　　ゾルゲ
Keine Sorge.

心配しないで。

- -

Sorge「心配，気遣い」は動詞 sorgen「心配する，気遣う」から派生した名詞です。
再帰動詞で sich⁴ für 〜 ⁴ sorgen「〜の心配をする」，他動詞で für 〜 ⁴ sorgen「〜の世話をする」という使い方をします。

カイネ　　パーニック
Keine Panik.

あわてないで。

- -

直訳すると「パニックを起こさないで」という表現で，文字どおり大勢の人がパニックになりそうなときに指示する表現としても，不安がっている人をなだめたり，勇気づける表現としても用いられます。

健康状態を伝える

あまり起きてほしくないことですが，ドイツに行って体調がすぐれないことがあるかもしれません。そんなときに使えるフレーズです。

//// ◁》 まずはこのフレーズから！ ////////////////////////////////

イッヒ　ハーベ　　フステン　　ウント　フィーバー
Ich habe Husten und Fieber.

私は咳と熱があります。

具体的な症状を動詞 haben「持っている」の 4 格目的語として表す表現です。

痛みであれば Schmerzen「痛み」（単数 1 格は der Schmerz ですが，ふつう複数形で使います）を用い，Kopfschmerzen「頭痛」，Magenschmerzen「胃痛」，Zahnschmerzen「歯痛」など，「痛い場所」+ schmerzen で表すことができます。

「お大事に！」と返すときは **Gute Besserung!** と言いましょう。

● Husten 咳　Fieber 熱　Besserung 良くなること，回復

🔊

<ruby>デア<rt></rt></ruby> コップフ トゥット ミア ヴェー
Der Kopf tut mir weh.

頭が痛いです。

---

weh「痛い」を使う表現は，痛い場所を1格の主語にし，動詞 tun で表します。このフレーズのように痛みを感じる人は3格で表すか，所有冠詞で表します。

例： **Meine Hände tun weh.**「(私の)両手が痛いです」

● Kopf 頭

🔊

ミア ゲート エス ニヒト グート
Mir geht es nicht gut.

気分が良くないです。

「元気ですか」の答えとして使われるこの文は，体調の良・不良を訴える表現としても使えます。
再帰動詞 sich⁴ fühlen ＋形容詞「～と感じる」を使うこともできます。

例： **Ich fühle mich (nicht) gut.**「体調が良い(悪い)です」

177

予定を伝える

これからすることを伝えるときはこのフレーズを使ってみましょう。

//// ◁》 まずはこのフレーズから！ ////////////////////////////////

イッヒ　ハーベ　エトヴァス　フォア

Ich habe etwas vor.

私は予定があります。

分離動詞 vorhaben「予定している」は４格目的語を取る他動詞です。

「〜すること」を表す zu 不定詞句を用いることもできます。

例：**Ich habe vor, um 19 Uhr Freunde zu treffen.**

「私は 19 時に友人たちに会う予定です」

● Freund 友人（男性）　treffen 会う

イッヒ　ハーベ　　ホイテ　　アーベント　アイネン　　テルミーン
Ich habe heute Abend einen Termin.

今晩約束があります。

Termin は病院や役所，美容室など，あるいはビジネスの場での面会予約などを表します。

- -

ズィー　　ケネン　　　ミッヒ　　ホイテ　　アーベント　　エアライヒェン
Sie können mich heute Abend erreichen.

今晩電話を受けられます。

動詞 erreichen は「到達する」という意味を持っています。

例：**In wenigen Minuten erreichen wir Wien.**
「間もなくウイーンに到着します（列車内のアナウンス）」

この意味のほかに「連絡を取る」という意味があります。telefonisch erreichen だと「電話で連絡がとれる」となります。

● wenig わずかな　　Wien ウイーン（オーストリアの首都）

179

提案する

1人称複数の wir「私たち」を主語にして，提案を表すことができます。

/// ◁)) まずはこのフレーズから！ ///////////////////////////////////

ヴォレン　　ヴィア　ピッツァ　　エッセン　　ゲーエン

Wollen wir Pizza essen gehen?

ピザを食べに行きませんか。

主語が1人称複数 wir で話法の助動詞 wollen を使った決定疑問文にすると，提案の表現になります。

相手の意向をより尊重したい場合は sollen にすることもあります。

例：**Sollen wir Pizza essen gehen?**
「ピザを食べに行く方が（あなたにとって）いいですか」

● Pizza ピザ

◁))

<ruby>ゲーエン<rt></rt></ruby> <ruby>ヴィア<rt></rt></ruby> <ruby>ツザンメン<rt></rt></ruby> <ruby>インス<rt></rt></ruby> <ruby>カフェー<rt></rt></ruby>

Gehen wir zusammen ins Café!

いっしょにカフェに行きましょう。

Sie に対する命令形の要領で主語を wir にすると「〜しましょう」という提案の表現になります。

● **Café** 喫茶店，カフェ（フランス語由来の外来語で e の上のアクセント記号はふつう省略しません）

◁))

<ruby>ゾレン<rt></rt></ruby> <ruby>ヴィア<rt></rt></ruby>

Sollen wir?

そろそろ（行きますか／〜しますか／〜）。

---

sollen を用いて相手の意向を尊重した表現です。
次にすることがお互いにわかっている場合は，動詞を省いて単に
Sollen wir? ということがよくあります。

例： **Sollen wir (jetzt losgehen)?**「いま出発した方がいいですか」

不満を述べる

満足できない場面ではどうしますか。なんでもストレートに言うと人間関係を壊しかねませんのでほどほどに。

///// ◁》 まずはこのフレーズから！ /////////////////////////

イッヒ　ビン　ダーミット　ウンツーフリーデン

Ich bin damit unzufrieden.

私はそれに満足していません。

形容詞 zufrieden は「満足した」を意味し，その対象は mit 〜³ で表します。

その前に「反対」を表す接頭辞 un- をつけたのが unzufrieden「満足していない」です。動詞に見えますが，形容詞なので注意しましょう。

● damit 前置詞 mit と（人を表さない）人称代名詞の融合形

イッヒ　ビン　　エントトイシュト

Ich bin enttäuscht.

私は失望しています。

....

enttäuscht「失望した」は動詞 enttäuschen「(〜 4 を) 失望させる」という動詞の過去分詞です。

◁》

ダス　　ゲフェルト　　ミア　　　ニヒト

Das gefällt mir nicht.

それは気に入りません。

....

このフレーズは具体的なものに対して使えるだけでなく，考えやアイディアなどに対しても使えます。

動詞 gefallen「気に入る」は使い方に注意が必要です。

気に入る対象が 1 格の主語で用いられ，気に入る人は 3 格で表します (⇨ 65 ページ)。

◀) 18

ひとことで伝える (17) 「そうかもしれないね」

自分では確信が持てないことがらに対して，相手の考えや主張を受け止めるときのフレーズです。

//// ◁) まずはこのフレーズから！ /////////////////////////////////

カン　　ザイン
Kann sein.

そうかもしれないね。

本当であるかどうかを確認できなかったり，確信を持てない場合に用います。

Es kann so sein. 「それはそうであるかもしれない」が下敷きになっていると考えれば理解しやすいですね。

完全に納得した場合は **Sie haben recht.** 「あなたの言うとおりです」というフレーズが使えます。

● recht 正しい

🔊

フィライヒト
Vielleicht.

もしかしたらね。

....

副詞 vielleicht は「ひょっとしたら」という意味です。

例： **Er ist vielleicht krank.**「もしかしたら彼は病気かもしれない」

可能性が低いことがらについて用いることが多い語です。

🔊

ヴァールシャインリッヒ
Wahrscheinlich.

きっとね。

....

vielleicht とは対照的に，可能性の高いことがらについて用いることが多い語です。

höchst「もっとも高い」をつけて **Höchstwahrscheinlich.** とすると，「十中八九」となります。

等位接続詞

文と文を接続詞でつなぐことはよくあります。接続詞には等位接続詞と従属接続詞があります。文の作り方に違いがありますのでしっかり覚えましょう。等位接続詞の多くは事態の継起関係を表します。

//// ◁)) まずはこのフレーズから！ /////////////////////////////////

イッヒ　トリンケ　　カフェー　　ウント　ズィー　トリンクト　　テー
Ich trinke Kaffee und sie trinkt Tee.

私はコーヒーを飲み，彼女は紅茶を飲みます。

und「そして」，sondern「むしろ」，oder「または」，denn「というのも」，aber「しかし」といった等位接続詞（並列接続詞ともいいます）は文の中で同じレベル（文と文，句と句，語と語など）のものをつなぎます。

文と文をつなぐとき，後続する文の語順に影響を与えません。

ここで掲げた代表的な5つは頭文字を取って「ウソだ」(usoda) と覚えましょう。

イッヒ　ゲーエ　　ホイテ　　ニヒト　　シュパツィーレン
Ich gehe heute nicht spazieren,

デン　　エス　レーグネット　　ドラウセン
denn es regnet draußen.

今日は散歩に行きません．というのも外は雨が降っているからです。

---

denn は理由を表す接続詞です。
理由の内容を表す後続文は通常の語順（主文）です。

シュプレッヒェン　ズィー　　ドイチュ　　オーダー　エングリッシュ
Sprechen Sie Deutsch oder Englisch?

あなたはドイツ語または英語を話しますか。

動詞 sprechen の 4 格目的語を等位接続詞 oder で結んだ例です。

従属接続詞を用いた副文

従属接続詞を使った表現を学びましょう。従属接続詞は副文をつくり，その多くは論理関係を表します。副文はそれだけでは文が完結せず，文の一要素として機能します。

//// ◁》 **まずはこのフレーズから！** /////////////////////////////

イッヒ　コメ　　ホイテ　　ニヒト　ヴァイル イッヒ フィーバー　ハーベ

Ich komme heute nicht, weil ich Fieber habe.

熱があるので，今日は行きません。

従属接続詞は副文を作ります。
副文では定動詞が副文の末尾に来ます。
副文における分離動詞の人称変化形は，前綴りを分離させず1語で表します。

　例：Ich rufe dich an, wenn ich morgen aufstehe.
　　　「明日起きたら，君に電話します」

副文はあくまでも文の一要素ですから，主文とともに用いられます。主文と副文の区切りには必ずコンマを置きます。

🔊

ヴェン　ダス　ヴェッター　モルゲン　シェーン　イスト
Wenn das Wetter morgen schön ist,

マッヘン　ヴィア　アイネン　アウスフルーク
machen wir einen Ausflug.

明日天気が良ければ，私たちは遠足に行きます。

文を副文から始める場合，その副文は文全体で見ると1番目の要素です。副文の直後に主文の定動詞が置かれます。

● Ausflug 遠足，ハイキング

🔊

アルス イッヒ　キント　ヴァール　　コンテ　　イッヒ　グート
Als ich Kind war, konnte ich gut

ガイゲ　　シュピーレン
Geige spielen.

私が子供だったころ，上手にバイオリンを弾くことができました。

従属接続詞 als は「～したとき」と過去のことがらを表します。
wenn も「～とき」と訳せる場合もありますが，「～するときはいつも」という意味合いがあります。

● Geige バイオリン

意見を述べる (1)

自分の意見や考えを伝えたいとき，相手の意見に同調するときの
フレーズです。

//// ◁)) まずはこのフレーズから！ /////////////////////////////////

イッヒ　　デンケ　　　　グラウベ　　　　マイネ

Ich denke / glaube / meine, ...

私は〜だと思います。

文をこのフレーズから始めると，自分の考えを伝えられます。
基本的に denken は自分の思考結果としてのアイディアを，
glauben は信じていること，meinen は個人的な考えを表すとき
に使いますが，その使用区別は明確ではありません。後続する内
容は主文でも dass ではじまる副文でも大丈夫です。
相手の意見を尋ねたいときは **Was denken / glauben / meinen
Sie?**「あなたはどう思いますか」と表現します。

◁))

ダス　フィンデ　イッヒ　アオホ
Das finde ich auch.

私もそう思います。

....

動詞 finden「思う」を使った表現です。
Ich denke/glaube das auch.「私もそうだと思います」（相手の発言に
同意）や **Ich denke/glaube auch so.**「私も同じように考えています」
（自分の意見を表明）も使えます。

◁))

イッヒ　ビン　　デアゼルベン　　　マイヌング
Ich bin derselben Meinung.

私もその考えです。

....

ここでの Meinung は 2 格です。
Ich bin der Meinung, dass ～「私は～という考えです」という表現
もあります。
反対の考えを持っている場合は，形容詞 ander を使って **Ich bin
anderer Meinung.**「私は異なる考えです」とします。

● derselbe（それと）同じ（der- の部分は定冠詞の変化，-selbe の部分は形容詞の
　変化をします）　Meinung 意見，考え　ander 別の，ほかの

意見を述べる（2）

意見を述べる表現の続きです。

/// ◁)） まずはこのフレーズから！ //////////////////////////////

マイナー　　　　マイヌング　　　　ナーハ

Meiner Meinung nach ...

私の考えによれば〜

3格支配の前置詞 nach には「〜によれば」という意味があります。この意味で使われるときは，前置詞 nach が名詞の後ろに置かれます。

例：**Meiner Meinung nach sollten wir die Umwelt besser schützen.**
　　「私の意見では，私たちは環境をもっと保護するべきでしょう」

なお，後置される前置詞には 〜^{4} entlang「〜に沿って」や 〜^{3} entgegen「〜の向かい側に」などがあります。

例：den Fluss entlang「川に沿って」
　　dem Bahnhof gegenüber「駅の向かい側に」

● Umwelt 環境　schützen 守る，保護する　sollten＜sollen の接続法第2式 1人称複数。⇨196ページ

🔊

イッヒ　ビン　ダーフュア

Ich bin dafür.

私はそれに賛成です。

前置詞 für は「〜に賛成して」という意味を持っています。
直前に述べられたことに対して賛意を示す場合は，人を表さない人称
代名詞との融合形 dafür を用いると簡単です。
反対であれば **Ich bin dagegen.**「私はそれに反対です」となります。

● dagegen それに反対して

🔊

イッヒ　シュティメ　　イーネン　　ツー

Ich stimme Ihnen zu.

あなたに賛成します。

分離動詞 zustimmen「賛成する，同意する」は，3 格目的語を取る自
動詞です。
そのほかに賛意や同意を表すフレーズは **Sie haben recht.**「あなたの
言っていることは正しいです」，**Keine schlechte Idee.**「悪くない考
えです」などがあります。

● schlecht 悪い

◀))19

ドイツ語のことわざ

ドイツ語のことわざを3つ紹介します。

//// ◁)) **まずはこのフレーズから！** ////////////////////////////////

ユーブング　　　マハト　　デン　　マイスター
Übung macht den Meister.

修練なくして名人なし。

直訳は「練習が名人を作る」で，練習を積み重ねることで名人になることができることを意味します。

● Übung 練習　Meister 親方，名人

アイゼナハ（テューリンゲン州）郊外にあるヴァルトブルク城。
この部屋でマルティン・ルターが聖書のドイツ語訳を書いていました。

オーネ　フライス　カイン　プライス
Ohne Fleiß kein Preis.

労せずして得るものなし。

直訳すると「努力なしには報賞もなし」です。
Fleiß「努力」と Preis「賞金」で韻を踏んでいるのがおもしろいですね。

ヴェア　ニヒト　アーバイテン　ヴィル　ゾル　アオホ
Wer nicht arbeiten will, soll auch

ニヒト　エッセン
nicht essen.

働かざる者食うべからず。

直訳すると「働こうとしない人は食べるべきでない」となります。
wer は不定関係代名詞で，「～する人は（誰でも）」という関係文を作ります。関係文中の役割に応じて格が決まります。

195

助言・忠告をする

すべきことを助言するときは話法の助動詞 sollen の接続法第2式
を使って表現します。

//// ◁》 **まずはこのフレーズから！** ///////////////////////////////

<ruby>ズィー<rt></rt></ruby> ゾルテン　ディー　キルヒェ　　ベズィヒティゲン

Sie sollten die Kirche besichtigen.

あなたはその教会を見学するべきです。

話法の助動詞 sollen の基本的意味は「主語以外の意志」です。2
人称（親称・敬称）を主語にして sollen の接続法第2式を使った表
現は，主語以外の（ここでは話し手の）控え目な主張を表します。
主張を強調したい場合は，unbedingt「絶対に」などを加えるとい
いでしょう。

　例：**Sie sollten unbedingt die Kirche besichtigen.**
　　　「あなたは絶対にその教会を見物するべきです」

● Kirche 教会

◁))

<ruby>ドゥー</ruby> <ruby>ゾルテスト</ruby> <ruby>ニヒト</ruby> <ruby>アロガント</ruby> <ruby>ザイン</ruby>
Du solltest nicht arrogant sein.

君は横柄にふるまうべきではない。

しない方がいいことも sollen の接続法第2式を使った否定文で表現できます。ここでは（主語以外の意志である）一般的な規範による意志と理解しましょう。
so「そのように」のような主観を表す語を加えて so arrogant「それほど横柄な」とすると，主語以外である「私」の意志という意味合いになります。

● arrogant 横柄な

- -

◁))

<ruby>ズィー</ruby> <ruby>ゾルテン</ruby> <ruby>ズィッヒ</ruby> <ruby>ラングザーム</ruby> <ruby>アウスルーエン</ruby>
Sie sollten sich langsam ausruhen.

そろそろあなたは休憩を取った方がいいです。

Du solltest/Sie sollten langsam ～で「君は／あなたはそろそろ～した方がいいです」という表現です。セットフレーズのように覚えておくと便利です。

● sich⁴ ausruhen 休憩する　　langsam ゆっくりと，そろそろ

「〜だったらなあ」（接続法第2式）

動詞の接続法第2式は多く非現実の表現として用います。ふつう，wenn 〜「もし〜ならば」という前提や条件を表す副文とともに用います。

//// ◁)) まずはこのフレーズから！ ////////////////////////////////

<ruby>ヴェン<rt></rt></ruby> <ruby>イッヒ<rt></rt></ruby> <ruby>ツァイト<rt></rt></ruby> <ruby>ヘッテ<rt></rt></ruby> <ruby>ヴュルデ<rt></rt></ruby> <ruby>イッヒ<rt></rt></ruby> <ruby>ライゼン<rt></rt></ruby>

ヴェン　イッヒ　ツァイト　ヘッテ　　　ヴュルデ　イッヒ　ライゼン

Wenn ich Zeit hätte, würde ich reisen.

もし時間があるなら，旅行に行くのになあ。

接続法第2式は非現実のことがらを述べたり，婉曲的な表現，あるいは控え目な主張を述べるときに使います。
ここでは非現実の意味の例です。
動詞は wenn ではじまる条件文と帰結文の両方で接続法第2式にします。

● würde ＜werden の接続法第2式1人称単数

◁))

イッヒ　ヴュルデ　ヤー　ザーゲン
Ich würde „ja" sagen.

私だったら「はい」と言います。

---

wenn で始まる副文を伴わず，主語 ich によって「私ならば」と表した表現です。

an Ihrer Stelle「あなたの立場で」を加えることもあります。接続法第 2 式で控え目な主張を表す表現です。

Ich würde sagen, dass 〜 と dass を使った副文で伝えたい内容を表すこともできます。

◁))

ケンテン　ズィー　ミア　ヘルフェン
Könnten Sie mir helfen?

私を手伝っていただけないでしょうか。

接続法第 2 式による婉曲的な表現です。

Könnten Sie mir vielleicht helfen? と副詞 vielleicht「もしかしたら」を添えることで，より丁寧な表現になります。

電話口で (1)

ドイツ語では電話特有の表現があります。知っておくと便利なフレーズを身につけましょう。

//// ◁)) **まずはこのフレーズから！** ////////////////////////////////

グーテン　　ターク　　ヒーア　　シュプリヒト　　　ヤマダ

Guten Tag, hier spricht Yamada.

こんにちは，こちらはヤマダです。

電話をかけて相手が出たら，まず自分から名乗ります。

hier spricht 〜 がポイントで，「こちらで話しているのは〜です」という表現を使います。

sein を使って **Hier ist** 〜「こちらは〜です」も使えます。いずれも動詞は3人称単数形であることに注意してください。

反対に，電話がかかってきて受話器を取ったときは，Yamada.「ヤマダです」と苗字だけ言うのがふつうです。最近では，警戒するようになって Hallo?「もしもし」と言う人も増えています。

◁))

イッヒ　メヒテ　ミット　ヘルン　ヴァーグナー

Ich möchte mit Herrn Wagner

シュプレッヒェン

sprechen.

ヴァーグナーさんと話したいのですが。

用件を伝えたい相手に繋いでもらう表現です。

Kann ich mit Herrn Wagner sprechen?「ヴァーグナーさんと話すことはできますか」も使えます。

Herr は男性弱変化名詞であることに注意しましょう。

◁))

エア　イスト　ニヒト　ダー

Er ist nicht da.

彼はいません。

「〜はいますか」と聞かれて，いないときに答える表現です。

Tut mir leid, er ist leider noch nicht da.「すみません，残念ながら彼はまだ来ていません」と状況に応じて語を添えることができます。

● da sein その場にいる

電話口で（2）

電話で使われる表現はまだあります。おさえておきたいフレーズを身につけましょう。

/// ◁)) **まずはこのフレーズから！** ////////////////////////////////

イッヒ　フェアズーヘ　エス　シュペーター　ノッホ　アインマル

Ich versuche es später noch einmal.

あとでかけ直します。

運悪く用件を伝える相手が不在だった場合，**Kann ich ihm etwas ausrichten?**「彼に何か言づけをしましょうか」と言われるかもしれません。あとでかけ直すので十分であれば，このように表現します。

このフレーズの前に Nein, danke.「いえ，けっこうです」をつけると感じが良くなります。

Ich rufe wieder an.「私は再び電話します（かけ直します）」と言ってもかまいません。

● versuchen 試す，試みる　ausrichten 伝える，取り次ぐ

◁))

アウフ　　ヴィーダーヘーレン
Auf Wiederhören!

（電話口で）さようなら。

電話での別れのあいさつです。
電話口では相手が見えないので，sehen「見る」ではなく hören「聞く」がもとになっている語を使います。

◁))

イッヒ　ハーベ　ミッヒ　フェアヴェールト
Ich habe mich verwählt.

番号を間違えました。

間違い電話をしてしまったときに使います。
動詞 verwählen は wählen「選ぶ」がもとになっている点がおもしろいですね。

● sich⁴ verwählen（電話で）間違った番号にかける

◀) 20

早口ことば

ドイツ語の早口ことばを 3 つ紹介します。

「早口ことば」は Zungenbrecher と言います。

Zunge「舌」+ Brecher「brechen するもの」。字義どおりには「舌をもつれさせるもの」という意味です。

● brechen 折る，砕く

//// ◁)) まずはこのフレーズから！ /////////////////////////////

イン　ウルム　ウント　ウム　ウルム　ウント　ウム　ウルム　　ヘルム

In Ulm und um Ulm und um Ulm herum.

ウルムで，そしてウルムの周りで，そしてウルムをぐるりと回って。

Ulm「ウルム」はバーデン＝ヴュルテンベルク州南部にある大聖堂で有名な町です。日本語だと 3 拍で発音しますが，ドイツ語では 1 拍で発音します。

母音 u の前後の子音がポイントです。

● herum（〜の周りを）回って

ウルム大聖堂。

フィッシャース　フリッツ　フィッシュト　フリッシェ　フィッシェ
Fischers Fritz fischt frische Fische.

フリッシェ　フィッシェ　フィッシュト　フィッシャース　フリッツ
Frische Fische fischt Fischers Fritz.

フリッツという漁師が新鮮な魚を釣る。新鮮な魚をフリッツという漁師が釣る。

f の発音と r の発音が正確にできることがポイントとなります。
また，子音終わりの単語はしっかり子音で終わらせ，余分な母音をつけないようにしましょう。

● Fischer 漁師　　fischen 魚釣りをする　　frisch 新鮮な　　Fisch 魚

ブラウトクライト　　ブライプト　　ブラウトクライト　　ウント
Brautkleid bleibt Brautkleid und

ブラウクラウト　　ブライプト　　ブラウクラウト
Blaukraut bleibt Blaukraut.

花嫁衣装は花嫁衣装でありつづけ，ムラサキキャベツはムラサキキャベツでありつづける。

bl と br，kl と kr が交互に出てきます。慣れるまで練習してみましょう。

● Brautkleid 花嫁衣装（Braut「花嫁」＋ Kleid「ドレス」）　Blaukraut ムラサキキャベツ（赤キャベツ）

相関的に用いる表現

日本語の係り結びのように，2つの語句を相関的に用いる表現が
あります。セットフレーズとして覚えておきましょう。

////// ◁)) まずはこのフレーズから！ //////////////////////////////

イッヒ ファーレ ニヒト ナーハ パリース ゾンデルン ナーハ ローム

Ich fahre nicht nach Paris, sondern nach Rom.

私はパリではなくローマに行きます。

nicht ... sondern ～「…ではなく，むしろ～」は相関的に用いる表
現です。

ここに掲げる3つのフレーズのほかには，je ＋比較級，desto ＋
比較級「…であればあるほど～」を知っておくと便利です。

　例：**Je mehr ich lerne, desto klüger werde ich.**

　　　「私がより多く学べば学ぶほど，より賢くなります」

je から始まる部分は副文で，「desto ＋比較級」＋定動詞の主文を
後続させます。

● Paris パリ（フランスの首都）　Rom ローマ（イタリアの首都）　klug 賢い

◁))

ヴィア　ゲーエン　エントヴェーダー　ラウス　オーダー
Wir gehen entweder raus oder
ブライベン　　　ドリンネン
bleiben drinnen.

私たちは外出するかここにとどまるかです。

---

entweder ... oder ～は「…か～かのいずれか」を表す相関的表現です。
「…も～もない」は weder ... noch ～で表します。

● raus 外へ　　drinnen 中で，屋内で

◁))

イッヒ　トリンケ　ゾヴォール　カフェー　アルス　アオホ　テー
Ich trinke sowohl Kaffee als auch Tee.

私はコーヒーも紅茶も飲みます。

---

sowohl ... als auch ～は「…も～も」を表す相関的表現です。

知っていると便利な熟語的表現

ドイツ語には熟語的表現はいくつもありますが，そのなかでもよく使われる表現を 3 つ掲げます。

//// ◁)） まずはこのフレーズから！ ////////////////////////////////

イッヒ レーゼ オフト ツム　バイシュピール　コミックス　アウス ヤーパン
Ich lese oft zum Beispiel Comics aus Japan.

私はたとえば日本のマンガをよく読みます。

zum Beispiel は「たとえば」という意味で，例示するときに便利な表現です。

文章ではしばしば z.B. と略して書かれます（このときも読み上げるときは zum Beispiel と略さずに読みます）。

日本の有名マンガのドイツ語翻訳版は意外に多く出版されています。

イッヒ　リーベ　シュポルト　フォア　アレム　ベイスボール
Ich liebe Sport, vor allem Baseball.

私はスポーツ，とりわけ野球が大好きです。

---

vor allem は直訳すると「すべてのものの前に」で，「とりわけ」を意味します。**Baseball**「野球」は英語からの外来語で，-ball の部分も英語のように発音します。

● lieben 愛する　　Sport スポーツ

🔊

マイネ　　　リープリングスティーレ　ズイント　　フンデ
Meine Lieblingstiere sind Hunde,
カッツェン　ウント　ゾー　ヴァイター
Katzen und so weiter.

私のお気に入りの動物は犬，猫などです。

---

und so weiter は「など」を表します。紙幅の関係でここでは 2 つのものを列挙していますが，実際には 4 つ以上挙げてから「～など」とつけ加えるのがふつうです。

文章では usw. と略して表記することもあります。読み上げるときは **und so weiter** と略さずに読みます。

親しい間柄での話しことばでは **bla, bla, bla**「などなど」と言うことがあります。　　● Tier 動物　　Hund 犬　　Katze 猫

209

知っていると便利な否定表現

否定表現では，知っておくと便利な表現がいくつかあります。ここでは代表的なものを 3 つ身につけましょう。

//// ◁)) まずはこのフレーズから！ //////////////////////////////////////

ヴィア　ハーベン　ニヒト　ゾー フィール ツァイト ヴィー　ゲダハト

Wir haben nicht so viel Zeit wie gedacht.

私たちは思っていたより時間がありません。

nicht so 〜 wie ... で「…ほど〜ない」を意味します。

● wie gedact 考えていたように

◁))

イッヒ　ビン　ガール　ニヒト　　ミューデ
Ich bin gar nicht müde.

ぜんぜん疲れてないよ。

---

gar ＋ 否定語で「ぜんぜん〜ない，まったく〜ない」を表します。
gar ＋ 否定冠詞 kein も同じ意味を表します。

　例： **Das ist gar kein Problem.**「それはまったく問題じゃないよ」

◁))

イッヒ　ビン　　ニヒト　　メーア　イン　　　ドイチュラント
Ich bin nicht mehr in Deutschland.

私はもうドイツにいません。

---

nicht mehr で「もう〜ない」という表現です。
否定冠詞 kein ＋ mehr でも表すことができます。このとき，mehr は
kein ＋ 名詞の後に置かれます。

　例： **Ich habe keine Zeit mehr.**「もう時間がありません」

非人称の熟語的表現

中性 1 格の人称代名詞 es は非人称として使われることがあります。熟語的な表現で用いられることも多いので，代表的なものをおさえましょう。

/// ◁» まずはこのフレーズから！ ////////////////////////////////

<ruby>Es<rt>エス</rt></ruby> <ruby>gibt<rt>ギープト</rt></ruby> <ruby>hier<rt>ヒーア</rt></ruby> <ruby>viele<rt>フィーレ</rt></ruby> <ruby>Sehenswürdigkeiten<rt>ゼーエンスヴュルディッヒカイテン</rt></ruby>.

Es gibt hier viele Sehenswürdigkeiten.

ここにはたくさんの名所があります。

es gibt ＋ 4 格で「〜がいる・ある」を意味します。
1 格の主語は非人称の es で意味を持ちません。

● Sehenswürdigkeit（観光）名所，見どころ ＜sehen「見る」＋ würdig「価値のある」＋ -keit（派生名詞を作る）

ドレスデンの Semperoper
ゼンパーオーパー（州立歌劇場）。

🔊

エス　ゲート　ウム　ディーゼス　プロブレーメ
Es geht um dieses Problem.

この問題がテーマです。

---

es geht um ～ ⁴ は「～が問題となっている，～が重要である」という熟語的表現です。
「調子はどうですか」の Wie geht es Ihnen? で使われている es geht の応用表現と理解しましょう。

🔊

エス　ハンデルト　ズィッヒ　ダーバイ　ウム　アイネ　グーテ
Es handelt sich dabei um eine gute
ションス
Chance.

それは良い機会です。

---

es handelt sich um ～ ⁴ は「～が問題である，話題である，重要である」という表現です。bei ～ ³「～に際して」といっしょに用いることも多くあります。このとき文字どおりには「～に際しては…が問題である」という意味となりますが，実際には～ ist ...「～は…である」という sein を使った文とほぼ同じ意味で使われます。

● Chance チャンス，好機（フランス語由来の外来語なのでフランス語読みのとおりに発音します）

ドイツでの語学コースを疑似体験 2

3. 名詞 Substantiv

　名詞 Substantiv には性・数・格のカテゴリーがあります。性は Genus といい，男性 maskulin/männlich，女性 feminin/weiblich，中性 neutral/sächlich の区別があります。数は1つのものを表す単数 Singular/Einzahl と2つ以上のものを表す複数 Plural/Mehrzahl があります。なお，言語によっては2つのものを表す双数 Dual/Zweizahl を持つものもあり，その場合，複数は3つ以上のものを表すときに使います。

　ご存じのとおり，ドイツ語の格 Kasus/Fall は4つあります。日本語では1格，2格と数字で呼んでいますが，ドイツ語では1格 Nominativ，2格 Genitiv，3格 Dativ，4格 Akkusativ といいます。それぞれ日本語にすると，主格，属格，与格，対格ですね。ドイツ語で書かれた本によっては，日本語と同様に数字で呼んでいることもあります。ただし，序数を使って表します：1. (erster) Fall など。なお，「ドイツ語には4つの格があります」という文はドイツ語でどう表しますか。よく使われる表現は，Deutsch kennt 4 Kasus/Fälle. と動詞 kennen を使う文です。「ドイツ語は4つの格を知っている」という言い方がおもしろいですね。

　ちなみにドイツ東部で話されている少数民族語の Sorbisch「ソルブ語」には単数・複数のほかに双数 Dual があり，格はドイツ語の4つのほかに具格 Instrumental，位格 Lokativ，呼格 Vokativ があります。

4. 文法関係 Grammatische Beziehungen

　文には主語 Subjekt や目的語 Objekt が必要ですね。動詞によって必須要素 (Satz)ergänzung（直訳すれば「(文の)補足語」）が決まっています。Das Verb „brauchen" braucht ein Akkusativobjekt als Ergänzung.「動詞 brauchen は 4 格目的語を必要とする」のように説明することができます。なお，Ergänzung と対になる概念は Angabe です。辞書を引くと「申し立て，陳述」などの訳語が載っていますが「(その文で必須でない)状況語」と考えるといいでしょう。

　動作を描写する文はふつう，動作主 Agens を主語に，動作の受け手 Patient を目的語にした能動文 Aktiv (Tätigkeitsform) で表します。同じ状況を表すのに動作の受け手を主語にし，助動詞 werden と動詞の過去分詞にすると受動文 Passiv (Leideform) になります。対応する能動文の主語は von ＋ 3 格 Dativ（手段を表す場合は durch ＋ 4 格）にするか，まったく表しません。

　いかがでしたか。ちょっと想像力を働かせれば文法用語も難しくなさそうですよね。ドイツで語学コースを受ける人も受けた人も，またそうでない人にも次のことばを送ります。

　Viel Spaß und viel Erfolg!

　「楽しんでください，そして成果がありますように」

笹原 健（ささはら けん）

　東京大学大学院博士課程満期退学。言語学・ドイツ語学・ソルブ語学専攻。麗澤大学，成城大学，都留文科大学非常勤講師。現在はドイツの少数民族語であるソルブ語の文法研究に従事。

　主要著書に『ニューエクスプレス・スペシャル ヨーロッパのおもしろ言語』（白水社，共著），『日本語とＸ語の対照２―外国語の眼鏡をとおして見る日本語―対照言語学若手の会シンポジウム 2011 発表論文集』（三恵社，共編）。

© Ken Sasahara, 2023, Printed in Japan

**1か月で復習する
ドイツ語基本のフレーズ**

2023 年 6 月 20 日　初版第 1 刷発行

著　者	笹原 健
制　作	ツディブックス株式会社
発行者	田中 稔
発行所	株式会社 語研
	〒 101-0064
	東京都千代田区神田猿楽町 2-7-17
	電　話 03-3291-3986
	ファクス 03-3291-6749
組　版	ツディブックス株式会社
印刷・製本	倉敷印刷株式会社

ISBN978-4-87615-393-0 C0084
書名　イッカゲツデフクシュウスルドイツゴキホンノフレーズ
著者　ササハラ　ケン
著作者および発行者の許可なく転載・複製することを禁じます。

定価はカバーに表示してあります。
乱丁本，落丁本はお取り替えいたします。

株式会社語研
語研ホームページ https://www.goken-net.co.jp/

本書の感想は
スマホから↓